Friedrich Soretz

# BUNT
# isst
# gesund!

Ernährungspädagogische
Spiele und Aktionen
durchs ganze Jahr

Das Praxisbuch zum Projekt
iss dich fit!

RUT- UND KLAUS-BAHLSEN-STIFTUNG

# Impressum

| | |
|---|---|
| **Autor** | Dr. Friedrich Soretz unter Mitarbeit von Nicole Eckelmann und Heike Ullrich |
| **Herausgeber** | Rut- und Klaus-Bahlsen-Stiftung |
| **Producing** | Barbro Garenfeld |
| **Fotos** | Frank Wilde (www.fotowilde.de), Friedrich Soretz, Thomas Block, Barbro Garenfeld, Silja Büning |
| **Gestaltung** | Felix Weigner |
| **Satz** | Hain-Team, Bad Zwischenahn |
| **ISBN** | 978-3-86702-224-8 |

2. Auflage 2014

© 2013 Ökotopia Verlag, Münster

## DANKE

Dieses Buch wäre nicht möglich gewesen ohne die vielen Kinder, Eltern und MitarbeiterInnen aus den Einrichtungen, die am Projekt iss dich fit! teilgenommen haben. Mit ihnen haben wir unser Projekt über die Jahre entwickelt, und ihnen verdanken wir viele gute Ideen und viele wertvolle Erfahrungen. Ein besonderer Dank gebührt der Kita Wittenberger Straße und dem Rut-Bahlsen-Zentrum in Hannover, in denen wir ausgedehnte Fototermine durchführen durften.

Viele Ideen zur Gestaltung wie auch die Zeichnungen in diesem Buch verdanken wir Heinrich Luchtmann (www.gruppe-medien.de), der das Projekt über Jahre nicht nur als Grafiker begleitet hat.

Mit großer Mühe und Sorgfalt haben Saskia Chemaitis und Felix Ramlow die Entstehung dieses Buches überwacht, Manuskriptversionen verwaltet, Fotos und Abbildungen organisiert und vieles mehr geleistet, was ein Projekt mit derart vielen Beteiligten erfordert.

Die Idee zu diesem Buch stammt vom Vorsitzenden der Rut- und Klaus-Bahlsen-Stiftung, Prof. Dr. Burkhard Huch. Er war es auch, der in einzigartiger Weise über längere Zeit gleichzeitig die Fertigstellung des Werkes streng angemahnt und Verzögerungen großzügig akzeptiert hat.

Die Rut- und Klaus-Bahlsen-Stiftung hat durch eine erhebliche finanzielle Unterstützung dieses Buch erst ermöglicht.

# Inhalt

## Maßangaben in den Rezepten

| | |
|---|---|
| **EL** | Esslöffel |
| **g** | Gramm |
| **kg** | Kilogramm |
| **l** | Liter |
| **ml** | Milliliter |
| **TL** | Teelöffel |

## Prof. Dr. Burkhard Huch · Thomas Walter

# Essen ist eine Hauptsache

Prof. Dr. Burkhard Huch      Thomas Walter

Untersuchungen über die Ernährung von Kindern im Vorschulalter liefern beunruhigende Ergebnisse: Viele Kinder sind falsch oder mangelhaft ernährt. Dieses wiegt umso schwerer, als hiervon oft nicht nur die körperliche Gesundheit, sondern auch psychische und soziale Entwicklungen betroffen sind.

Essen wird in der Tat zur Hauptsache. Dabei wissen Eltern und Kinder in aller Regel sehr genau, wie wichtig Essen ist, um „groß und stark" zu werden. Wenn das Geld knapp und soziale Probleme groß sind, wenn man vielleicht auch nie gelernt hat, dass gesundes Essen nicht teurer sein muss als anderes und trotzdem gut schmeckt, gerät die Frage nach der Qualität des Essens leicht in den Hintergrund bzw. wird gar nicht erst gestellt.

Insbesondere ganztägige Bildungseinrichtungen sind hier gefordert. Kitas und Familienzentren werden immer mehr zum zentralen Lebens- und Erfahrungsraum von Kindern und deren Familien. Dort gemeinsam zu essen ist eine Chance für Gesundheit, Leistungsfähigkeit und das soziale Miteinander. Und als Bildungseinrichtungen haben sie auch die Möglichkeiten und den Auftrag, über das Zubereiten gesunden Essens hinaus ernährungspädagogische Arbeit zu leisten.

Mit dem Projekt iss dich fit! setzen wir daher bei den Kleinsten, ihren Eltern und BetreuerInnen an. Neben den so genannten „Brennpunkt"-Kitas, in denen das Projekt einst begonnen hat, nehmen inzwischen u. a. auch Horte, Familienzentren und Grundschulen teil. Spielerisch und einprägsam, theoretisch und praxisorientiert, vom Einkauf bis zum Kochen, vom Gärtnern bis zum Basteln wird in individueller Projektarbeit das Interesse am Thema Ernährung geweckt.

Dieses ist ein wichtiges Anliegen der Rut- und Klaus-Bahlsen-Stiftung und besonders ihres Gründers Klaus Bahlsen (1908–1991), der sich schon früh mit Fragen der gesunden Ernährung beschäftigt hat. Auch durch iss dich fit! wird dieser Gedanke in Zusammenarbeit mit der Landeshauptstadt Hannover inzwischen schon seit vielen Jahren in die verschiedenen Einrichtungen getragen. Bisher konnten über 1500 Kinder und deren Eltern einbezogen werden.

Nach dem ersten Projektjahr erschien 2006 ein Kochbuch, das nach kurzer Zeit vergriffen war. In dem in zweiter, erweiterter Auflage 2011 erschienenen neuen Kochbuch wurden wiederum schmackhafte, saisonal orientierte und auch besonders kostengünstig realisierbare Rezepte aufgezeigt – bereits ausprobiert unter aktiver Beteiligung der Kinder und Eltern. Diese Veröffentlichung gibt den ernährungspädagogischen Erfahrungsschatz aus der Arbeit der letzten sieben Projektjahre in einer zusammenhängenden Darstellung wieder – auch, was neben dem Kochen für das Thema „gesunde Ernährung" relevant ist.

*Prof. Dr. Burkhard Huch*
Vorsitzender des Vorstands
Rut- und Klaus-Bahlsen-Stiftung

*Thomas Walter*
Stadtrat
Landeshauptstadt Hannover

# Einleitung

Wie wichtig es ist, dass Kinder sich gesund ernähren, ist allgemein bekannt. Und dass gesunde Ernährung auch Spaß machen kann, ist kein Widerspruch: Gemeinsam zu kochen und zu essen ist eine der entscheidenden, aber auch eine der schönsten Erfahrungen, die Kinder machen können. In vielen Familien sind das heute keine Selbstverständlichkeiten mehr, und so lernen zahlreiche Kinder Essen über Fertigprodukte und Fast Food kennen, ohne jemals selber beim Zubereiten dabei gewesen zu sein oder gar selbst etwas gekocht zu haben. Dass das Fehlen dieser elementaren Erfahrungen nicht ohne Folgen für das Ernährungswissen und die Ernährungsgewohnheiten der Kinder – und später der Erwachsenen – sein kann, liegt auf der Hand.

Seit 2006 gibt es in Hannover das Projekt iss dich fit! als eine Initiative der Landeshauptstadt Hannover, die aus Mitteln der Rut- und Klaus-Bahlsen-Stiftung finanziert wird. Seitdem beschäftigen sich mit jedem Jahr mehr Kitas, Familienzentren und Grundschulen in diesem Projekt mit der Frage, wie das Thema gesunde Ernährung im Alltag der Einrichtung umgesetzt – im besten Falle gelebt werden kann, so dass die Kinder wieder den Umgang mit Lebensmitteln erleben. Dabei wird das Projektthema von den verschiedensten Seiten angegangen: Riechen, Schmecken, Sehen und Fühlen, Experimentieren und fantasievoll Kombinieren, Zubereiten und Anrichten – das alles gehört dazu. Es wird gekocht, probiert und miteinander gegessen. Es wird informiert, über gesundes Essen gesprochen, mit Eltern und ErzieherInnen über die Probleme des Alltags diskutiert, gemeinsam eingekauft, gefeiert und vieles mehr. Jede Einrichtung kann sich aus den vielfältigen Angeboten des Projektes ihr eigenes Programm zusammenstellen.

Wichtig aber ist von Anfang an, dass es kein Theorieprojekt sein soll, sondern praktische Anleitung für das „echte Leben". Alle Beteiligten sollen für ihren Alltag – im Beruf oder zuhause – davon profitieren. Das ist allein deshalb ein hoher Anspruch, weil die Bedürfnisse und die Voraussetzungen oft sehr unterschiedlich sind. Herausgekommen ist dabei ein sehr buntes Projekt, in dem wir die persönlichen und die kulturellen Unterschiede als willkommenen Anlass genutzt haben, über Vielfalt nicht nur zu sprechen, sondern sie auch sinnlich zu erleben. Trotz dieser angestrebten Vielfalt hat das Projekt eine starke hannoversche Identität: Die meisten teilnehmenden Einrichtungen befinden sich in Hannover, die niedersächsische Landeshauptstadt ist Trägerin des Projektes, und die finanzielle Förderung geht von der hannoverschen Rut- und Klaus-Bahlsen-Stiftung aus.

Gleichwohl gibt es auch außerhalb Hannovers großes Interesse an dem Projekt, auf das bereits mit ersten Veröffentlichungen reagiert wurde: Inzwischen sind zwei Kochbücher zum Projekt erschienen mit verschiedensten Rezepten, die im Kindergartenalltag erprobt und bewährt sind (Das schmeckt! Das Kochbuch zum Projekt iss dich fit!, 2011). Mit der Einrichtung der Projekthomepage www.click-dich-fit.de wurde eine Möglichkeit geschaffen, mit der sich jeder leicht über die Inhalte des Projektes informieren kann.

In dem vorliegenden Buch steht die ernährungspädagogische Arbeit des Projektes im Vordergrund: Es geht um Spiele, Rätsel, Basteleien und vieles mehr, was über das Zubereiten gesunder Gerichte hinaus die Beschäftigung mit dem Thema ausmacht. *Bunt isst gesund* ist eine Einladung an Sie alle, sich mit Spaß ans gemeinsame Ausprobieren zu machen. Es ist im ersten Teil nach den Jahreszeiten geordnet, so dass Sie sich schnell einen Eindruck verschaffen können, was Sie in der jeweiligen Saison mit den Kindern machen können. Im zweiten Teil geht es um bestimmte, immer wiederkehrende Themen, zu denen Sie hier Anregungen bekommen. In jedem Kapitel finden Sie Leichtes und Anspruchsvolles, Schnelles und Aufwendiges, Ideen für drinnen und für draußen, und zwischendurch auch immer wieder Leckeres.

# Basiswissen gesunde Ernährung

Eigene Ernte

# Kindern macht Essen **Spaß**

Kinder entscheiden sich nicht bewusst für oder gegen gesunde Lebensmittel – sie suchen danach aus, ob ihre Sinne angesprochen werden. Frisches Obst und Gemüse schmeckt nicht nur, es sieht lecker aus, riecht frisch und fühlt sich auch gut an. Kinder genießen das Essen mit allen Sinnen!

Kinder sind neugierig und machen gerne bei der Planung und Zubereitung des Essens mit. In den Projektkursen von iss dich fit! probieren sie auch beinahe alles, selbst wenn sie anfangs manchmal skeptisch sind. Und in dem Maße, wie sie beteiligt sind, wächst auch die Freude am vielfältigen und gesunden Essen. Das fängt manchmal mit kleinen Dingen an: Gemüsestreifen, die sie mit der Hand in einen Dipp tunken können, essen die Kinder gern, auch wenn sie vielleicht einen fertig zubereiteten Salat mit Dressing nicht mögen. Sogar echte Gemüsemuffel können sich für eine Minestrone begeistern, nachdem sie sie selbst gekocht haben. Manche Kinder essen auch Obstsorten, die sie vorher gar nicht mochten, wenn sie sie mit anderem Obst auf einen Spieß gesteckt, im Milchshake püriert oder mit Quark oder Joghurt vermischt haben. Kleine Geschichten oder fantasievolle Namen sorgen dann noch dafür, dass selbst unspektakuläre Gerichte zu einer Besonderheit werden.

Ein gesundes Essen braucht auch einen angemessenen Rahmen, der zum Genießen einlädt. Meist gehört nicht viel dazu, eine passende Atmosphäre herzustellen. Kinder orientieren sich natürlich zuerst an ihren Vorbildern: an ihren Eltern, an Freunden,

an den ErzieherInnen oder LehrerInnen. Wenn Sie beim Essen eine angenehme, genießerische Stimmung verbreiten, schauen sich die Kinder das von Ihnen gerne ab.

Ein paar grundsätzliche Regeln haben wir dazu im Projekt eingeführt.

- Beziehen Sie die Kinder bei Essensplanung, Einkauf und Zubereitung mit ein.
- Schaffen Sie gemeinsam mit den Kindern eine schöne Tischatmosphäre und essen Sie ungestört, ohne Fernseher oder eine andere Ablenkung. Seien Sie selber ein gutes Vorbild.
- Kinder essen auch mit dem Auge: Gestalten Sie bunte Teller, trennen Sie Fleisch und Beilagen.

- Kinder dürfen ihre Portionsgröße selbst bestimmen und können gerne nachnehmen – nur Lieblingsdinge herauszupicken ist allerdings nicht erlaubt.
- Hat sich ein Kind verschätzt und schafft seine Portion nicht, muss es seinen Teller nicht leer machen. Diese und ähnliche Regeln gelten nicht mehr.
- Alle probieren regelmäßig von allem, weil sich die Vorlieben oft noch ändern.
- Essen ist weder Belohnung noch Strafe, Trost oder Ausdruck von Zuneigung.

# Gesund essen heißt bunt essen

Wenn die Kinder mit Spaß bei der Planung und Zubereitung des Essens mitmachen, sind das gute Voraussetzungen dafür, dass sie auch vielfältig essen. Die Erwachsenen müssen jetzt nur noch dafür sorgen, dass der Speiseplan ausgewogen zusammengestellt ist.

Die einfachste Faustformel heißt: „Gesund essen heißt bunt essen!" Bei der Auswahl von Obst und Gemüse sollten möglichst viele verschiedene Farben vertreten sein, weil so automatisch sehr unterschiedliche Sorten mit verschiedenen Nährstoffen ausgewählt werden.

© aid infodienst, Idee: S. Mannhardt

Wichtig ist auch die Zusammenstellung nach den Lebensmittelgruppen. Wählen Sie täglich aus den sieben Lebensmittelgruppen aus:

- Getränke (Wasser, Früchtetee, Saftschorlen 1 : 3, d. h. ein Teil Saft auf drei Teile Wasser)
- Getreide und Getreideprodukte (z. B. Brot, Nudeln, Reis, Kartoffeln, Müsli)
- Obst und Gemüse
- Milch und Milchprodukte (z. B. Joghurt, Quark, Käse)
- Fleisch, Fisch, Eier und deren Produkte
- Fette und Öle (z. B. Butter, Margarine)
- Extras wie Süßwaren und Knabbereien

Für einen gesunden Speiseplan kommt es auch darauf an, dass sich die Mengen der jeweiligen Lebensmittel im richtigen Verhältnis zueinander befinden.

Auch wenn z. B. Süßigkeiten in kleinen Mengen „erlaubt sind", sollte man sich daran nicht sattessen.

Reichlich können pflanzliche Lebensmittel und Getränke zum Sattessen und Durstlöschen genossen werden. Dazu gehören

- Getreide (auch Reis, Hirse usw., möglichst mit Vollkorn) als Brot, Brötchen, Nudeln oder Müsli,
- Kartoffeln,

- Obst und Gemüse roh, kurz gegart oder als Saftschorle (→ S. 182),
- Hülsenfrüchte wie Linsen, Bohnen oder Erbsen.

In Maßen sollten tierische Lebensmittel genossen werden, und sie sollten möglichst fettarm sein:

- Milch, Joghurt, Käse oder Quark,
- nur 1–2 × pro Woche Fleisch,
- wenig Wurst und Aufschnitt,
- möglichst 1 × pro Woche Fisch.

Fette und Extras wie Süßes und Fast Food sollten nur als Ausnahme verzehrt werden:

- sparsam Fett zum Braten, im Dressing oder als Brotaufstrich,
- als Besonderheit Süßes oder salzige Knabbereien,
- Marmelade, Honig, Schokocremes,
- möglichst selten Fast Food wie Pommes frites, Burger oder Fertigprodukte,
- möglichst keine zuckerreichen Getränke wie Limonade, Cola oder Eistee.

# Damit das Essen **lecker bleibt**!

Bevor die Kinder mit dem Zubereiten von Speisen oder Getränken beginnen, müssen einige allgemeine Küchenregeln beachtet werden! Für Kinder gelten die gleichen Regeln wie für Erwachsene✳, die Lebensmittel herstellen, behandeln, ausgeben oder verteilen.

## Hygiene

- Die Kinder waschen sich vor dem Kochen immer gründlich die Hände. Man sollte sie in jedem Fall an das Benutzen der Seife erinnern, da Kinder gerne die Hände nur mit Wasser waschen.
- Alle Lebensmittel werden vor dem Verzehr gewaschen. Besonders bei rohem Fleisch ist dies wegen der Salmonellengefahr erforderlich.
- Kinder, die an Infektionskrankheiten wie Mumps, Masern, Windpocken, Scharlach und Ähnlichem erkrankt sind, dürfen weder die Räume betreten,

✳ Ein Kindergarten oder Hort ist eine Einrichtung zur Gemeinschaftsverpflegung und damit derzeit zur Einhaltung der europaweit geltenden Verordnung (EG) Nr. 852/2004 über Lebensmittelhygiene (sog. H1), der Verordnungen/Empfehlungen zu Temperatur- und Lagerbedingungen von Lebensmitteln, der Zusatzstoff-Zulassungsverordnung sowie der Verordnung zum Infektionsschutz verpflichtet. Ansprechpartner für Fragen zu den Verordnungen bzw. zu der jeweils gültigen Fassung ist das örtliche Gesundheitsamt.

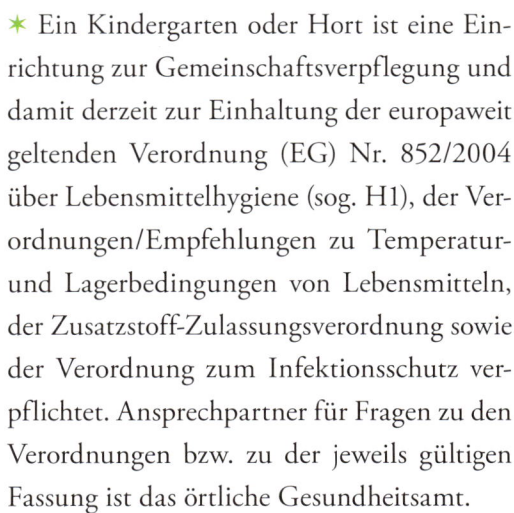

die der Gemeinschaftsverpflegung dienen, noch an Veranstaltungen in diesen Räumen teilnehmen. Auch bei einem begründeten Verdacht (z. B. Windpockenerkrankung des Geschwisterkindes) darf das Kind nicht mitkochen.

- Sie binden lange Haare zusammen, damit sie nicht im Essen landen.
- Kleine Verletzungen an der Haut decken sie mit einem Pflaster ab, damit kein Blut ins Essen kommt.

Kinder sind oft etwas erkältet. Deswegen ist es wichtig, ihnen zu erklären, dass sie nicht auf Lebensmittel niesen oder husten dürfen. Wenn sie sich die Nase putzen, müssen sie sich anschließend die Hände waschen.
Die Kinder betreten die Küche nur mit sauberer Kleidung, marschieren also nicht vom Spielen in der Sandkiste gleich in die Küche. Aus hygienischen Gründen, aber auch zum Schutz der Kleidung, tragen alle Kinder Schürzen.

- Empfindliche Zutaten wie Fleisch, Fisch und Eier werden erst kurz vor der Zubereitung aus dem Kühlschrank geholt, damit sie nicht verderben.
- Lebensmittel, die auf den Boden gefallen sind, sollten in keinem Fall weiterverwendet werden. Sie gehören in den Abfall.
- Zum Probieren von Gekochtem geben die Kinder mit einem sauberen Löffel eine kleine Portion auf einen zweiten Löffel. So gerät der Speichel nicht ins Essen (➜ „Chefprobe" S. 163).
- Reste des gekochten Essens werden gut abgedeckt im Kühlschrank aufbewahrt. Beim Aufwärmen muss alles gut durchkochen.

## Einrichten des Arbeitsplatzes

Von Anfang an richten die Kinder ihren Arbeitsplatz bei der Zubereitung von kleinen und großen Speisen selber ein: Auf dem Schneidebrett liegt das Küchenmesser und ggf. ein Sparschäler. Dahinter liegt ein Papiertuch, auf dem der Abfall gelagert wird. Bei Rechtshändern steht eine Schüssel mit den Zutaten links, eine andere für das fertig geschnittene Obst und Gemüse rechts vom Brett. Linkshänder können es genau umgekehrt machen.

## Sicherheit

- Immer mit der „Katzenkralle" schneiden, so bleiben die Finger heile! Die Kinder ziehen die Fingerkuppen zu einer Kralle an, so dass das Messer an den Fingernägeln abgleiten kann.
- Nie mit einem Messer in der Hand herumlaufen! Wenn die Messer nicht mehr benötigt werden, gleich sicher weglegen!
- Verschüttetes immer gleich aufwischen, damit der Arbeitsplatz sauber bleibt und keiner ausrutschen kann.

- Stets Topflappen oder Ofenhandschuhe benutzen, wenn man heiße Töpfe, Bleche oder Pfannen anfassen muss!
- Nach der Benutzung immer Herd bzw. Ofen ausschalten!
- Heiße Pfannen, Bleche oder Töpfe nur auf hitzebeständigen Flächen abstellen!
- Töpfe oder Pfannen immer mit einer Hand gut festhalten, wenn man darin rührt!
- Damit Pfannen nicht versehentlich vom Herd gestoßen werden, den Stiel zur Seite drehen!

## Aufräumen des Arbeitsplatzes

Bevor die Kinder anfangen zu essen, räumen sie den Arbeitsplatz wieder auf. Den Abfall sammeln und entsorgen sie in einer Schüssel. Die Messer kommen in eine Schüssel und werden mit den restlichen Arbeitsmaterialien zum Spülen in die Küche getragen. Zum Schluss wird der Arbeitsplatz mit einem sauberen Spültuch abgewischt.

# Frühling

Wenn die Sonne im Frühjahr wieder kräftiger wird und die Natur langsam aus dem Winterschlaf erwacht, dann lockt es uns, ins Freie zu gehen. Unter vertrocknetem Laub sind vielleicht schon einzelne Frühlingsboten zu sehen, die der wärmenden Sonne entgegenwachsen. Schneeglöckchen, Osterglocken und Krokusse wagen sich meist als erste Blumen hervor, aber auch Kräuter wie Dill, Kerbel, Bärlauch, Sauerampfer und Pimpinelle sind schon zu sehen.

Früher wurde der Übergang vom Winter in den Frühling mit dem Faschingsfest lautstark gefeiert. Durch Masken, schaurige Verkleidungen und viel Lärm wollten die Menschen böse Dämonen verscheuchen, die womöglich das Erwachen der Natur verhindern könnten. Auch wenn wir uns heute keine Sorgen mehr um die Rückkehr des Frühlings machen, ist uns der Karneval als ausgelassenes Fest erhalten geblieben. Voll Begeisterung schlüpfen die Kinder in ihr Kostüm und können einmal in einer ganz anderen Haut stecken. Und natürlich darf im Kindergarten in diesen fröhlichen und vergnügten Momenten auch beim gesunden Essen ein Auge zugedrückt werden.

Die bunten Tage enden am Aschermittwoch. In der darauf folgenden Fastenzeit bereiten sich manche Menschen durch Verzicht auf das Osterfest vor. Das ist in einer Gesellschaft, in der fast alles im Überfluss vorhanden ist, eine wichtige Erfahrung. Man muss beim Fasten ja nicht ganz auf das Essen verzichten, und Kinder sollten das auch nicht. Sich aber für eine überschaubare Zeit, zum Beispiel in der Karwoche, die Süßigkeiten, das Fernsehen oder – für Erwachsene – den Kaffee zu versagen, kann eine gute Übung sein. Wie köstlich schmeckt dann das erste Stück Schokolade nach dem Süßigkeitenfasten!

Und Süßes gibt es zu Ostern meistens reichlich. In dieser Zeit sind wir umgeben von einer Unmenge an Hasen und Eiern. Sie sind ein Relikt aus vorchristlichen Traditionen und symbolisieren Frühling und Fruchtbarkeit. Wie viele andere heidnische Symbole finden sie sich in unseren Osterbräuchen wieder, auch wenn die Christen an Ostern das Fest der Auferstehung Jesu feiern. Natürlich fiebern die Kinder in dieser Zeit dem Osterfest entgegen und vor allem der Ostereiersuche, die seit Jahrhunderten ein schöner Brauch ist. Und die Vorfreude kann noch durch Färben von Eiern, Basteln von Osternestern und Backen von leckeren Osterhasen gesteigert werden.

# Lebensmittel entdecken im **Frühling**

Der ganze Frühling ist so reich an Eindrücken für alle Sinne! Man kann die Sonne spüren, den Vögeln lauschen, den Frühling schnuppern. Mit den so geschärften Sinnen macht es auch Spaß, Lebensmittel zu riechen, zu hören und zu betasten: Wie fühlt sich wohl Pimpinelle an? Was klappert da in der Dose? Wie riecht Pfefferminze wirklich? Und draußen im Freien ist vieles zu entdecken. Wenn kein Nachtfrost mehr zu erwarten ist, können die ersten Kräuter gepflanzt oder ausgesät werden. Für kleine und große Gärtner gibt es ordentlich zu tun.

Und manche Kräuter können auch schon in der Natur geerntet werden, ganz frisch und ganz lecker. Es gibt einiges zu erleben und auszuprobieren!

Gerade im Frühling duftet es überall. Im Freien können die Kinder den Frühling förmlich riechen, besonders wenn die Sonne auf Bäume und Wiesen scheint. Feine Düfte gehen auch von den Kräutern aus, die jetzt wieder sprießen. Da sind die Sinne gefordert: Wer erkennt die Kräuter an ihrem Geschmack? Wer weiß, was da so köstlich duftet?

# Die Vielfalt der **Frühlingskräuter** erleben

Nachdem die Kinder die langen Wintertage über viel Zeit im Haus verbracht haben, freuen sie sich, wenn sie sich wieder mehr im Freien bewegen und an der frischen Luft toben dürfen. Sie können ihrem Bewegungsdrang auch auf einem kleinen Ausflug nachgehen und dabei nach leckeren Kräutern suchen, die jetzt im Wald und auf Wiesen wachsen. Ab April finden sie im Wald zum Beispiel den Bärlauch, den sie gut in der Küche verwenden können – aber er ist nur etwas für geübte Sammler, weil man ihn leicht mit giftigen Pflanzen verwechseln kann (→ S. 31).

Auch auf den Wiesen wachsen jetzt viele leckere Kräuter. Dort gibt es ab April die zarten Löwenzahnblätter, aus denen sie frischen Salat machen können. Außerdem wächst ab März Petersilie, ab April Kerbel, ab Mai Sauerampfer und (Wiesen-)

Pimpinelle und das ganze Jahr über Dill. All diese Kräuter und noch viele mehr können im Frühjahr in der Natur geerntet werden. Leckere Speisen aus frischen Kräutern sind ein guter Lohn für eifrige Sammler. Es lassen sich auch schöne Spiele mit den feinen Düften der Kräuter machen, die die Sinne schulen.

---

**VORSICHT!**

In der freien Natur wachsen nicht nur essbare Pflanzen! Wer Wald- und Wiesenkräuter nicht sicher erkennen kann, sollte lieber auf dem Wochenmarkt nach ihnen Ausschau halten oder sie selbst im Kräuterbeet ziehen (→ „Der kleine Gärtner im Frühling", S. 47).

---

Petersilie

Kerbel

Sauerampfer

Pimpinelle

# Löwenzahn

*Im Frühjahr sprießt der Löwenzahn überall – nicht immer zur Freude der Gartenbesitzer. Abseits von Straßen können die Kinder junge Löwenzahnblätter und die zarten Knospen der Löwenzahnblüten pflücken und in der Kita daraus einen leckeren Salat oder ein Pesto, eine Würzpaste aus Olivenöl, Knoblauch und Kräutern, zubereiten.*

## Löwenzahn-Salat mit gerösteten Brotstückchen

### Zutaten (4 kleine Portionen)

| | |
|---|---|
| 2–4 | Handvoll junge Löwenzahnblätter |
| 1–2 | Scheiben Weizenvollkornbrot |
| 2 EL | saure Sahne |
| 2 EL | Sonnenblumenöl |
| 1 EL | Obstessig |
| 1 EL | Sonnenblumenkerne |
| | Einige Löwenzahnblüten (zarte Knospen) |
| | Salz, Pfeffer |

## Zubereitung

Die gepflückten Löwenzahnblätter und -blüten kurz waschen und trockenschütteln, die Blätter in feine Streifen schneiden.

Aus Öl, Essig, saurer Sahne, Salz und Pfeffer das Salatdressing anrühren und über die Löwenzahnblätter gießen.

Den Salat etwa zehn Minuten ziehen lassen.

In der Zwischenzeit das Brot würfeln und in einer Pfanne zusammen mit den Sonnenblumenkernen goldbraun rösten.

Die Brotwürfel und die Sonnenblumenkerne über den Salat streuen.

Den Salat mit den Blüten garnieren und sofort servieren.

### TIPP

Nur junge, kleine Löwenzahnblätter verwenden, damit der Salat nicht bitter wird.

# Löwenzahn-Pesto

## Zutaten (4 Portionen)

| | |
|---|---|
| 125 g | Löwenzahnblätter (evtl. auch Rucola oder Bärlauch) |
| 125 ml | Olivenöl |
| 75 g | Pinienkerne (oder gehackte Mandeln) |
| 50 g | Parmesan |
| | Knoblauch nach Geschmack |
| | Etwas Zitronensaft |
| | Salz, Pfeffer |

## Zubereitung

Die Pinienkerne in einer Pfanne ohne Fettzugabe leicht anrösten und abkühlen lassen.
Anschließend im Mörser oder in einer Küchenmaschine zusammen mit dem Parmesan zerkleinern.

Nach und nach Olivenöl dazugeben.
Die Löwenzahnblätter waschen, trockenschütteln, feinschneiden und ebenfalls dazugeben.
Das Ganze mit Salz, Pfeffer und Zitronensaft abschmecken.
Wer mag, fügt durchgepressten oder kleingeschnittenen Knoblauch hinzu.
Das fertige Pesto in Schraubgläser füllen, mit etwas Öl bedecken und im Kühlschrank aufbewahren.
Gekühlt ist es ca. zwei Wochen haltbar.
Pesto schmeckt lecker zu Nudeln, Kartoffeln, Spargel oder anderem Gemüse, aber auch als Brotaufstrich.

## TIPP

Der Löwenzahn kann – je nach Geschmack – teilweise oder ganz durch Rucola oder Bärlauch ersetzt werden.

# Bärlauch

Bärlauch ist ein altbekanntes Wildkraut und gehört zur gleichen Familie wie Knoblauch, Schnittlauch, Frühlings- und Speisezwiebel. Mit seinem typischen knoblauchartigen Aroma ist er in den letzten Jahren sehr beliebt geworden. Bärlauch wächst in unseren Wäldern, wo er im Frühjahr den Waldboden oft wie einen dicken grünen Teppich erscheinen lässt und einen unverwechselbaren Geruch nach Knoblauch verströmt. Ähnlich wie Löwenzahn und Rucola eignet er sich gut als Gewürz, im Salat und kann zu Pesto (➜ S. 29) verarbeitet werden.

Im Laufe des Frühlings bilden sich aus den ersten Trieben lanzettförmige, bis zu 20 cm lange Blätter. Diese sitzen auf Stengeln, die bis zu 30 cm lang werden können. Etwa im Mai entfalten sich die Knoten in der Mitte der Pflanze zu weißen, filigranen Blüten, die die Form eines Sternes besitzen. Auch die Blüten des Bärlauchs sind essbar, die Blätter schmecken aber vor der Blüte am besten, danach werden sie bitter.

## VORSICHT!

Die Bärlauchblätter sehen den Blättern von Maiglöckchen und Herbstzeitlosen ähnlich, die zur selben Zeit und an den gleichen Stellen vorkommen. Auch eine Verwechslung mit dem Aronstab ist möglich. Maiglöckchen, Herbstzeitlosen und Aronstab sind sehr giftig. Im Gegensatz zu Maiglöckchen und Herbstzeitlosen stehen sich die Blätter des Bärlauchs auf eigenen, langen Stielen zumeist zu zweit gegenüber. Aronstab hat breitere Blätter und steht meist alleine.

Außerdem sind sie am einfachsten am Geruch zu unterscheiden: Duften die Blätter nach Knoblauch, wenn man daran reibt, dann hat man Bärlauch erwischt! Bevor man ihn verarbeitet, muss man unbedingt vorher kontrollieren, ob sich Blätter von anderen Pflanzen mit untergemischt haben! Wenn Kinder Bärlauch sammeln, sollte man sich in der Unterscheidung der Blätter sehr sicher sein. Sonst ist es besser, Bärlauch auf dem Wochenmarkt oder im Handel aus kontrolliertem Anbau zu beziehen.

Bärlauch

Maiglöckchen

Herbstzeitlose

Blüte, kommt erst im Herbst

# Kräuter-Düfte-Memory

## Material

- Frische Frühlingskräuter, z. B. Bärlauch, Sauerampfer, Kerbel, Petersilie, Pimpinelle, Dill
- Kleine Leinenbeutel als Schnuppersäckchen
- Evtl. Gewürze wie Zimtstange, Vanilleschote, Nelken, Anissterne und Kümmel
- Evtl. kleine Dosen (z. B. Filmdosen) als Schnupperbehälter, Frischhaltefolie

## Vorbereitung

In jeweils zwei Schnuppersäckchen die gleiche Sorte Frühlingskräuter füllen und die Säckchen zubinden. Mindestens vier Kräuterpaare werden für ein Memory benötigt.

## Anleitung

Die Kinder können an den Säckchen riechen und versuchen, das zusammengehörige Paar zu finden. Anschließend öffnen sie die Säckchen und befühlen, riechen und probieren die Kräuter.

## Variante

Anstelle der frischen Frühlingskräuter eignen sich in anderen Jahreszeiten auch Gewürze wie Zimtstange, Vanilleschote, Nelken, Anissterne und Kümmel. Dann sind als Schnupperbehälter kleine Dosen (z. B. Filmdosen) besser, deren Deckel man durchlöchert oder durch etwas perforierte Frischhaltefolie ersetzt.

# Kräuter-Zwillinge

## Material

- Verschiedene frische Frühlingskräuter, z. B. Bärlauch, Sauerampfer, Kerbel, Petersilie, Pimpinelle, Dill, Rosmarin
- Schmale Bänder oder Bast
- Augenbinden
- Evtl. Teefiltertüten

## Anleitung

Die frischen Kräuter mit Bändern oder Bast zu kleinen Sträußen schnüren.

Jeweils zwei Kinder bekommen einen gleichen Strauß.

Den Kindern werden die Augen verbunden.

Sie dürfen sich frei im Raum bewegen und das Kind mit dem gleichen Kräuterstrauß suchen.

Hat ein Kind seinen Partner durch Schnuppern gefunden, darf es die Augenbinde abnehmen.

## Variante 1

Statt zu Sträußen gebunden können die Kräuter auch in Teefiltertüten gesteckt werden, die mit einem Band oder Bast zusammengebunden werden.

## Variante 2

Möchten nicht alle Kinder die Augen verbunden bekommen, kann sich die Gruppe auch mit geöffneten Augen im Kreis aufstellen. Jeweils ein Kind bekommt die Augen verbunden und sucht innerhalb des Kreises nach seinem Partner.

## Getrocknete Kräuter

Übriggebliebene Kräuter als Bündel mit den Stielen nach oben aufhängen und an einem kühlen und dunklen Ort trocknen lassen. Sie können zu Teebeuteln (➔ S. 109) oder Duftsäckchen (➔ S. 111) verarbeitet oder in fest verschließbaren Behältern als Tee oder Gewürz aufbewahrt werden.

## TIPP

Die Kräuter duften intensiver, wenn einzelne Blätter zwischen den Fingern zerrieben werden.

# Kräuterwürfel

### Material

- Frische Frühlingskräuter, z. B. Bärlauch, Sauerampfer, Kerbel, Petersilie, Pimpinelle, Dill, Rosmarin, Basilikum, Thymian
- Schneidebretter
- Kleine Messer, evtl. Wiegemesser
- Eiswürfelbehälter
- Wasser
- Gefrierbeutel

### Anleitung

Die Kräuter waschen und trockenschütteln.
Die Blätter von den Stengeln pflücken und kleinschneiden oder -hacken (mit „Katzenkralle" schneiden! ➜ S. 20).

Die Eiswürfelbehälter mit den Kräutern füllen, mit Wasser aufgießen und in die Tiefkühltruhe stellen. Die gefrorenen Kräuterwürfel zum Aufbewahren aus den Behältern in Gefrierbeutel umfüllen.

### Verwendung

Die gefrorenen Kräuter können ohne Auftauen in den Kochtopf gegeben werden. Sie bereichern Aufläufe, Salate, Suppen oder Saucen mit leckerem Kräutergeschmack und vielen Vitaminen (➜ „Noch mehr Sinnesspiele", S. 160 ff).

# Bewegungsspiele

Dass im Frühling alles sprießt und gedeiht, merken die Kinder Tag für Tag. Aber es ist ja auch spannend, wie es im Jahreslauf weitergehen wird. Das können die Kinder gut erleben, wenn sie in einem Spiel durch das ganze Jahr gehen. Und weil sie sich dabei auch bewegen, macht es noch mehr Spaß und sie merken gar nicht, wie viel sie gerade lernen. Für Kinder, die schon etwas mehr über Lebensmittel und Lebensmittelgruppen wissen (➜ S. 15), ist das zweite Spiel eine muntere Auffrischung ihres

Wissens, die man ganz nach Bedarf mit verschiedenen zusätzlichen Aufgaben erweitern kann.

## Die Saat geht auf

Die Spielleitung liest die Geschichte vor und macht dabei die beschriebenen Bewegungen. Die Kinder liegen zu Beginn auf dem Boden und folgen dann ihren Bewegungen.

**Es ist Zeit:**

Der Frühling kommt, die Sonne lacht,
der Winter geht und die Natur erwacht.

*Gähnen, räkeln und sich strecken.*

Die Bauern und Helfer, sie dürfen nicht ruh'n,
sie haben auf Feldern und Weiden zu tun.

*Aufstehen, durch den Raum gehen und sich
mit Handschlag begrüßen.*

Die weiten Felder werden gepflügt,
aus den Ställen laufen die Tiere vergnügt.

*Pantomimisch Stalltüren öffnen und durch
den Raum laufen.*

Der Bauer streut Samen auf die Erde,
damit alles gut wachsen werde.

*Imaginäre Samen auf die Erde streuen.*

Der Regen wird die Samen gießen,
scheint auch die Sonne, dann können sie sprießen.

*Sich hinhocken und ganz langsam
wieder aufrichten.*

Wenn die Sonne hoch am Himmel lacht,
wird die Ernte eingebracht.

*Sensende Handbewegungen, nach oben
schauen und „ernten".*

Der Bauer fährt die Ernte dann nach Haus
und ruht sich von der schweren Arbeit aus.

*Sich hintereinander aufreihen, durch
den Raum laufen und sich zur Ruhe legen.*

Sind die Körner richtig trocken,
backen wir ein Brot aus Roggen.

*Mit den Händen mahlen und kneten.*

Und für unterwegs
backen wir 'nen kleinen Keks.

*Kekse pantomimisch backen und verteilen
oder echte Kekse austeilen.*

# Lebensmittel-Stopp

## Ort / Material

- Bewegungsraum
- Plakate oder Schilder von vier ausgewählten Lebensmittelgruppen (➜ S. 15), z. B.:
    1. Obst / Gemüse
    2. Getränke
    3. Milch / Milchprodukte
    4. Getreide / Kartoffeln
    oder Getränke, Süßigkeiten, Fleisch / Fleischprodukte
- Verschiedene Lebensmittelattrappen aus den vier Gruppen oder Bilder der Lebensmittel
- Musik

## Vorbereitung

In jede Ecke des Raumes das Plakat einer Lebensmittelgruppe kleben. Die Spielleitung erklärt die einzelnen Lebensmittelgruppen und stellt die zugehörigen Plakate und Lebensmittelattrappen vor.

## Anleitung

Jedes Kind bekommt eine Lebensmittelattrappe (oder ein Bild) in die Hand und bewegt sich zur Musik im Raum.

Die Spielleitung stoppt die Musik und ruft eine Lebensmittelgruppe auf.

Alle Kinder mit einer Attrappe aus dieser Lebensmittelgruppe laufen in die entsprechende Ecke des Raumes.

Die anderen bleiben stehen.

## Varianten

- Die Spielleitung stellt neue Aufgaben, z. B. dass alle Kinder mit Obst und Gemüse auf einem Bein zu ihrer Ecke hüpfen.
- Die Kinder tauschen die Attrappen untereinander.

# Ein Höhepunkt im **Frühling**: Ostern

Die Natur ist erwacht, und alle Menschen genießen die ersten Sonnenstrahlen im Freien. Weidenkätzchen und andere Sträucher fangen an zu blühen, und die Kinder schmücken sie mit selbstgebastelten Eiern: Es ist Osterzeit.

Schon vor vielen Jahrhunderten war es Brauch, zu Ostern in der Kirche Speisen weihen zu lassen, so auch Eier. Irgendwann wurden dann die geweihten Eier für die Kinder versteckt, und die Ostereiersuche nahm ihren Anfang. Erzählte man zu Beginn noch, dass es der Fuchs, der Esel oder der Kuckuck sei, der die Eier versteckt, so hieß es später, dass der Hase den Kindern Ostereier und kleine Geschenke bringe.

# Eier natürlich färben

*Unsere Großeltern haben es noch vorgemacht, aber inzwischen ist das Färben mit natürlichen Farbstoffen bei uns ziemlich in Vergessenheit geraten. Wozu sich die Arbeit machen, wenn es für wenig Geld Farbtabletten zum Färben der Eier in jedem Supermarkt zu kaufen gibt? Weil das Färben mit Naturfarben Spaß macht! Weil kein Ei dem anderen gleicht! Und weil es für uns und die Umwelt gesünder ist!*

## Material

- 1 alter Topf
- Eier (am besten weiß)
- Wasser
- 4–5 EL Essig
- 3–4 Handvoll der Farbstoffe pro Farbe
- Evtl. Öl (oder 1 Speckschwarte)
- Evtl. etwas Seifen- oder Essigwasser
- Evtl. frische Blüten, Blätter oder Kräuter
- Nylonstrumpfgewebe

## Anleitung

Ein Liter Wasser mit drei bis vier Handvoll der gewünschten Zutaten (eher mehr als weniger) in einem alten Topf zu einem Sud aufkochen.

Die Flüssigkeit etwa 15 Minuten köcheln lassen.

Die Zutaten aus dem Sud entfernen und den Topf vom Herd nehmen.

Die Eier in Kochwasser mit vier bis fünf Esslöffeln Essig hartkochen.

Die gekochten Eier in den abgekühlten Sud legen – je länger, desto intensiver wird die Farbe.

Wer einen schönen Glanz möchte, ölt die Eier anschließend etwas ein.

| Natürliche Farbstoffe | |
|---|---|
| **Rot** | • Rote Bete |
| **Gelb** | • Kamillenblüte,<br>• Curcuma,<br>• Kümmel,<br>• Safran |
| **Grün** | • Spinat,<br>• Brennnesseln |
| **Braun** | • Schwarzer Tee,<br>• Zwiebelschalen |
| **Violett** | • Rotkraut,<br>• Heidelbeersaft |
| **Rosa** | • Preiselbeersaft |
| **Blau** | • Heidelbeeren,<br>• Holunder,<br>• Fliederbeeren |

Natürliche Eierfarben

Rote Bete

Kamillenblüte, Curcuma, Kümmel, Safran

Spinat, Brennnessel

Schwarzer Tee, Zwiebelschalen

Rotkraut, Heidelbeersaft

Preiselbeersaft

Heidelbeeren, Holunder, Fliederbeeren

## Variante

Die gefärbten Ostereier sehen besonders schön aus, wenn sie mit frischen Blüten, Blättern oder Kräutern verziert werden. Dazu werden die Eier vor dem Färben mit etwas Seifen- oder Essigwasser gesäubert und mit angefeuchteten Blüten, Blättern oder Kräutern belegt. Damit die Pflanzenteile nicht verrutschen, werden sie mit einem Stück Nylonstrumpf fixiert. Nun können die Eier wie oben beschrieben natürlich gefärbt werden.

## TIPP

Die Eier können auch direkt im Sud gekocht werden. Dann muss man aber wegen der heißen Töpfe vorsichtig sein.

# Ostergras

*Es ist eine schöne Sitte, vor Ostern Gras- oder Getreidesamen in kleinen Schalen oder Töpfen auszusäen. Die Kinder erleben auf diese Weise, wie im Frühjahr die Natur wieder sprießt.*

## Material

- Gras- oder Getreidesamen
- Kleine Schalen oder Töpfe

Damit das Gras zu Ostern hoch genug gewachsen ist, sollte es etwa vier bis fünf Wochen vorher ausgesät werden.

## TIPP

Wurde Getreide ausgesät, kann es später in den Garten gepflanzt werden, damit im Spätsommer Ähren zu ernten sind.

# Osterhasen backen

*Ein gebackener Osterhase ist eine leckere Zutat zum Osterfrühstück und ein schönes Ostergeschenk für Verwandte, Freunde und Nachbarn, das die Kinder – mit etwas Anleitung – gut selbstmachen und stolz verschenken können.*

## Zutaten

| | |
|---|---|
| 300 g | Weizenvollkornmehl |
| 200 g | Weizenmehl Type 550 |
| 200 ml | Milch |
| 100 g | Honig |
| 50 g | Butter |
| 20 g | Hefe oder Trockenhefe |
| 1 TL | Zucker |
| ½ TL | Vanillepulver |
| 1 | Prise Salz |
| | Rosinen oder ganze Mandeln |

für die Glasur:

| | |
|---|---|
| 1 | Eigelb, etwas Milch |

## Zubereitung

Den Backofen auf 180 °C vorheizen.

Eine Schale mit kaltem Wasser in den Ofen stellen. Der entstehende Wasserdampf sorgt dafür, dass während des Backens das Gebäck nicht zu trocken wird.

Die Hefe und den Zucker in eine kleine Schüssel geben und zerdrücken.

Die Milch anwärmen (etwa handwarm), mit der Hefe verrühren und ca. fünf Minuten zugedeckt stehen lassen, bis die Mischung Blasen wirft.

Trockenhefe kann gleich mit den anderen Zutaten verarbeitet werden.

Den Vorteig mit allen anderen Zutaten gut vermischen und mit den Händen oder dem Knethaken zu einem geschmeidigen, homogenen Teig verarbeiten.

Den Teig in eine Schale geben, mit einem Tuch abdecken und an einem warmen Ort bis zu einer Stunde gehen lassen.

Nach der Teigruhe den Teig noch einmal kräftig durchkneten, zu einer Rolle formen und in zehn Stücke teilen.

Jedes Stück noch einmal in ein kleineres teilen, aus dem der Kopf entsteht, und ein größeres, aus dem der Körper geformt wird.

Für den Kopf ein Oval formen, dessen spitzeres Ende einschneiden, um daraus die Ohren zu gestalten.

Als Auge dient eine Rosine oder eine ganze Mandel.

Aus dem größeren Stück eine dünne Rolle bilden und deren Enden in einer Schlaufe übereinanderlegen.

Das eine Ende sind die Vorderläufe, aus dem anderen Ende kann die Kiepe oder der Schwanz geformt werden.

Den Hasen in dieser Form noch einmal ein wenig gehen lassen.

Das Eigelb mit der Milch verquirlen, damit die Hasen bestreichen und in dem vorgeheizten Backofen ca. 15 Minuten backen.

### Variante

Einen Teil des Teiges für ein geflochtenes Nest beiseitelegen und am Rücken des Hasen mit etwas Milch-Eigelb-Mischung befestigen. In die Mitte eine Kuhle drücken, in die nach dem Abkühlen ein selbstgefärbtes Ei gelegt werden kann.

# Lebensmittel-Forscher im **Frühling**

*Natürlich lernen die Kinder Lebensmittel auch ganz anders kennen, wenn sie sie erforschen. Zur Osterzeit, wenn die Kinder sowieso viel mit Eiern arbeiten und dabei auch so manches Ei zu Bruch geht, können sie schön mit Eierschalen experimentieren.*

## Das Eierschalen-Experiment

### Material
- 1 kleine Schüssel pro Kind
- Eierschalen
- 1 kleiner Krug mit Essig
- Evtl. Muscheln, Steine
- Fluoridgel (Zahnpasta)

### Anleitung
Jedes Kind erhält eine kleine Schüssel, in die es Eierschalen legt und langsam etwas Essig aus dem Krug darauf gießt, bis die Eierschalen bedeckt sind.

### Was passiert?
Auf der Schalenoberfläche bilden sich kleine Bläschen: Der Kalk aus der Eierschale reagiert mit dem Essig. Kohlendioxid löst sich und steigt in Bläschen auf. Lässt man die Schüssel den Tag über stehen, lösen sich die Eierschalen allmählich ganz auf.

### Variante 1
Eine der Eierschalen vor dem Begießen mit etwas Fluoridgel bestreichen. Diese Eierschale löst sich nicht auf, weil Fluorid die Schale vor der Säure ebenso schützt wie den Zahnschmelz.

### Variante 2
Die Kinder machen das gleiche Experiment mit Steinen oder Muscheln, um zu sehen, ob sie ebenfalls aus Kalk bestehen und sich nach einer Weile auflösen (Muscheln) oder nicht (Steine).

# Der kleine Gärtner im **Frühling**

## Den Garten aufräumen

Im Frühling, wenn die Tage endlich wieder länger werden und die Sonnenstrahlen auf der Haut zu spüren sind, stecken auch im Garten die ersten Pflanzen ihre Köpfe aus der Erde. Damit die Pflanzen genügend Licht bekommen, sollte der Boden – wo es nötig ist – von altem Laub und Zweigen befreit werden. Aber möglichst nicht überall, denn auch viele Tiere erwachen allmählich aus ihrem Winterschlaf und haben Hunger. Damit sie Insekten als Nahrung finden, sollte etwas Laub im Garten bleiben, z. B. ein kleiner Blätterhaufen in einer Ecke des Gartens. Wenn man auf diesen Haufen noch Zweige und Steine legt, kann man im Sommer sogar beobachten, wie viele andere Tiere diesen Haufen dankbar als neue Wohnung annehmen. Sind alle Beete schön sauber, beginnt für die kleinen Gärtner* das Pflanzen und Säen. Damit die Pflanzen besser wachsen, sollten in den Boden etwas Kompost oder Hornspäne eingearbeitet werden.

> *  Wenn hier und im Folgenden von kleinen Gärtnern oder Köchen die Rede ist, folgen wir einer beliebten umgangssprachlichen Wendung, ohne dass damit eine Aussage über das biologische Geschlecht gemacht wird: Mädchen und Jungen sind gleichermaßen gemeint.

## Säen, vorziehen oder einpflanzen?

Am natürlichsten ist die Aussaat direkt ins Beet. Grundsätzlich können die Kinder alle Pflanzen aussäen. Die Zeit für die Direktsaat beginnt ab März für unempfindliche Pflanzen wie Radieschen, Möhren, Schnitt- und Kopfsalat. Für die meisten anderen Pflanzen beginnt die Aussaat erst ab Mitte

April, vorher ist es noch zu kalt. Die Samen für Gemüse, Kräuter und Blumen gibt es im Fachhandel zu kaufen. Die genauen Pflanz- und Ernteanweisungen findet man auf den Saattütchen.

Wer schneller ans Ziel kommen will, kann die Pflanzen auch im Gebäude (z. B. im Gruppenraum) vorziehen. Das geht gut mit Kräutern wie Basilikum, Dill, Oregano, Estragon, Kerbel, Lavendel, Majoran, Petersilie u. v. a. Sie können in den Gruppenräumen in Töpfe und Blumenkästen gesät werden. Dafür müssen die Samen in den Töpfen leicht in die Erde eingearbeitet und immer wieder sparsam gegossen werden. Sind die Jungpflanzen (Keimlinge) dann stark genug, werden sie – je nach Art und Wachstum – zwischen April und Mai ins Beet eingesetzt. Noch schneller, einfacher und mit größerer Aussicht auf Erfolg verbunden ist es, wenn Gemüse und Kräuter als Setzlinge auf Märkten und im Gartenfachhandel erworben und von den Kindern direkt ins Beet eingesetzt werden.

## Kräuterecke, Duftgarten und Gemüsebeet

Eine kleine Kräuterecke mit Zitronenverbene, Basilikum, Oregano, Petersilie, Minze, Zitronenmelisse, Salbei, Waldmeister etc. lädt zum Schnuppern und Probieren ein.

Daneben kann ein kleiner Duftgarten entstehen, z. B. mit Lavendel, Thymian, Rosmarin und Minze. Die Kräuter können sowohl als Küchenkräuter und Teekräuter (➜ „Kräuterwürfel" S. 36, „Wohltuende Teebeutel" S. 109) als auch in Duftsäckchen (➜ „Blumige Duftsäckchen" S. 111) Verwendung finden.

Auch für ein Gemüsebeet gibt es viele Möglichkeiten, und viele Pflanzen sind auch als Setzlinge zu kaufen. Pflegeleichte Sorten sind Pflücksalate, Zucchini, Kürbis oder Kohlrabi. Etwas empfindlicher und pflegeintensiver sind Paprika- und Tomatenpflanzen.

Die Liste der Möglichkeiten lässt sich gerade im Frühling fast unendlich verlängern: Wie wäre es noch mit Beerensträuchern (Himbeeren, Brombeeren, Stachelbeeren usw.) oder sogar Obstbäumen? Apfel- und Kirschbäume sind sehr beliebt und tragen bald köstliche Früchte. Auch bunte Blumen sollten im Garten nicht fehlen: Ringelblumen etwa oder die unempfindliche Kapuzinerkresse, deren schöne Blüten man sogar essen kann.

Wenn es nicht möglich ist, in einem Beet zu pflanzen, können Blumen, Kräuter und etwas Gemüse gut in Blumenkästen und -kübeln wachsen. So wie es im Garten Ecken mit verschiedenen Pflanzen gibt, könnten die Kinder dann z. B. einen großen Kübel mit Duftpflanzen wie Lavendel und Thy-

mian bepflanzen und einen anderen mit Minze, Melisse und Salbei. Der Vielfalt sind auch hier kaum Grenzen gesetzt.

## Ein eigenes Beet

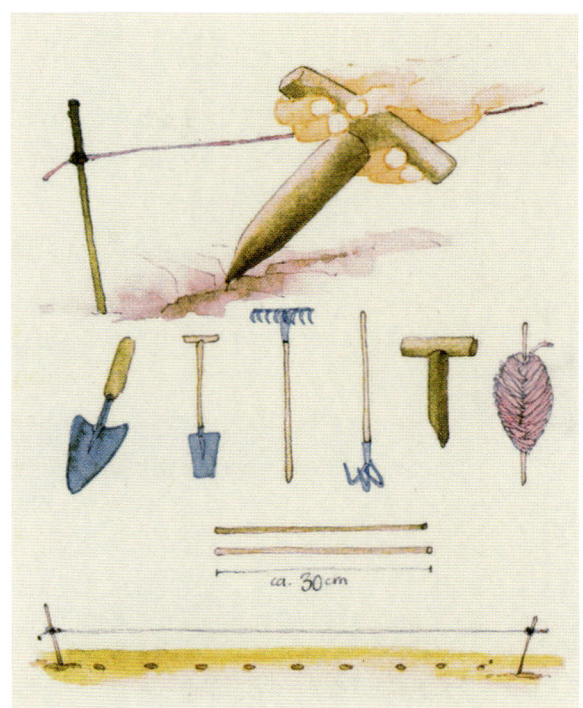

*Das Anlegen eines kleinen Beetes ist nicht schwer. Im Supermarkt oder in Gartencentern gibt es Samentüten für jeden Geschmack und Standort zu kaufen. Vielleicht haben die Kinder sich ja auch im Vorjahr einen kleinen Vorrat an Samen angelegt (→ „Gesammelte Vielfalt" im Sommer S. 78).*

### Material

- Gemüse- oder Blumensamen
- 2 Pflöcke
- Schnur
- Kleine Schaufel
- Gießkanne
- Evtl. Gartenvlies

### Anleitung

Wenn die Sonne den Boden genug erwärmt hat, können die Samen in die Erde gelegt werden.

Dazu spannen die Kinder eine Schnur zwischen zwei Pflöcke, ziehen eine Furche entlang der Schnur in den Boden, legen Samen hinein und bedecken diese mit etwas Erde.

Die Kinder müssen die Samen nun regelmäßig gießen.

Ein Gartenvlies schützt die Jungpflanzen vor drohenden Nachtfrösten.

Radieschen, Möhren, Schnitt- und Kopfsalat können die Kinder schon Anfang März aussäen, wogegen für Ringelblumen, Kapuzinerkresse, Glücks-

klee und Sonnenblumen erst gegen Ende April die richtige Saatzeit ist.

### Variante

Lässt der Frühling noch etwas auf sich warten, kann auch ein kleines Frühlingsbeet in den Kindergarten geholt werden. Dazu wird z. B. ein Balkonkasten mit Erde gefüllt, mit den Samen bestreut und regelmäßig etwas gegossen. Schon bald sprießen die ersten Kräuter oder Blumen und steigern die Vorfreude auf einen baldigen Frühling. Vor dem Fenster gedeihen die Pflanzen besonders gut.

### TIPP

Wenn die Pflanzen gerade in der Reihe gesät werden, sind sie nachher leichter vom Unkraut zu unterscheiden, und die Kinder wissen, wohin sie treten dürfen und wohin nicht.

# Kresse

*Für ungeduldige Kinder eignen sich Kressesamen, die das ganze Jahr über auf feuchte Watte gesät und schon nach einer Woche geerntet werden können.*

## Material

- Kressesamen
- Watte
- Wasser
- Evtl. Pappe

## Variante

Wenn die Kinder die Watte auf eine in Form geschnittene Pappe legen (Herz zu Muttertag, Hase zu Ostern, Initialen des Kindes etc.), sieht das Kressebeet besonders schön aus.

## Anleitung

Man kann Zwiebeln auch aussäen, aber einfacher ist es, wenn Steckzwiebeln verwendet werden. Diese stecken die Kinder in den Boden.

Sie lockern die Erde vorher etwas mit den Fingern und setzen die Steckzwiebeln mit der Spitze nach oben und der Wurzel nach unten in die Erde.

Das obere Ende schaut dabei aus der Erde heraus. Den Boden rund um die Zwiebel klopfen sie fest. Nun brauchen die Zwiebeln nur noch etwas Licht und Wasser.

Wenn die ersten Triebe erscheinen, können die Kinder sie abschneiden und wie Schnittlauch auf ein Butterbrot oder Quark streuen.

Nach etwa fünf Monaten – Ende Juli – sind die Zwiebeln reif zur Ernte.

# Steckzwiebeln für jedermann

*Zwiebeln aus dem eigenen Garten schmecken besonders knackig und saftig und sind jeder gekauften Zwiebel deutlich überlegen. Die meisten Zwiebelsorten werden Anfang März bis April in einen durchlässigen und mit Kompost gedüngten Boden an einen sonnigen Platz gepflanzt. (Ausnahme: Knoblauch pflanzt man erst im Spätherbst und Schalotten schon im Februar.)*

## Material
- Steckzwiebeln
- Schaufel
- Etwas Kompost

## TIPPS

Die Zwiebelpflanzen brauchen wenig Pflege, da sie sehr robust und unempfindlich sind. Nur bei großer Trockenheit müssen die Zwiebeln gewässert werden.

Blütenstiele müssen abgebrochen werden, bevor sie zu blühen beginnen, denn sonst gedeihen die Zwiebeln in der Erde nicht richtig.

Die Zwiebeln können geerntet werden, wenn sich die Blätter der Zwiebeln leicht gelb verfärbt haben und umgefallen sind.

Zwiebeln im Garten haben noch einen positiven Nebeneffekt. Wenn man sie neben Rosen pflanzt, halten sie die Blattläuse fern. Knoblauch soll sogar Maulwürfe vergraulen.

# Steckkartoffeln

*Im Frühjahr können auch Steckkartoffeln gepflanzt werden. Ab Ende April gibt es auf den Wochenmärkten gekeimte Kartoffeln der unterschiedlichen Sorten zum Eigenanbau. Alternativ kann man die Kartoffeln auch selbst keimen lassen, indem man sie etwa vier Wochen im Dunkeln lagert.*

## Material

- Steckkartoffeln
- Schaufel
- Etwas Kompost

## Anleitung

Die gekeimten Kartoffeln stecken die Kinder etwa 5 bis 10 cm tief in die Erde und gießen sie etwas. Aus der neuen Pflanze wachsen dann innerhalb eines halben Jahres immer mehr neue Knollen.

Ist die Kartoffelpflanze im Herbst welk und gelb geworden, buddeln die Kinder die neu gewachsenen Kartoffeln mit den Händen aus der Erde.

Sie entdecken dabei, wie aus einer einzigen eingesetzten Steckkartoffel bis zu 30 neue Kartoffeln gewachsen sind.

## Variante

Ist kein Beet vorhanden, kann man die Erde in Behälter (z. B. Tontöpfe) einfüllen und dorthinein die Kartoffeln pflanzen.

ca. 35 cm

Farbeimer 20 L

Maurerkübel

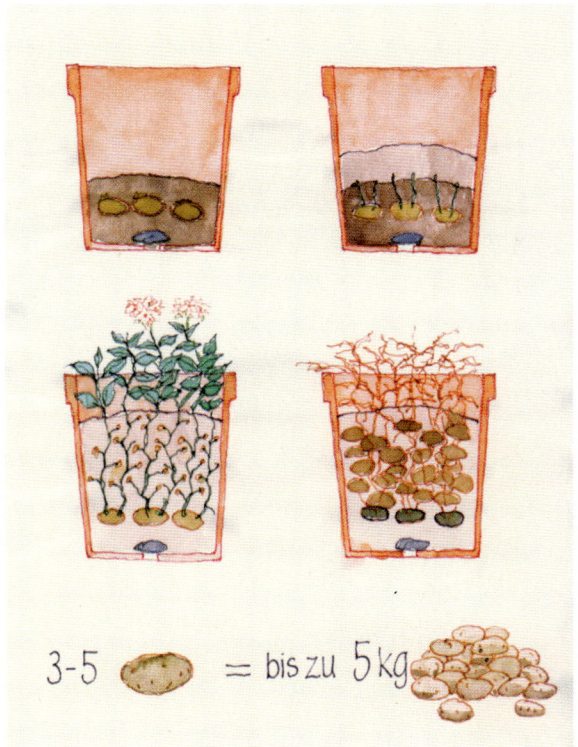

3-5 = bis zu 5 kg

# Sommer

Die Tage werden länger, die Abende bleiben warm, und das Leben spielt sich im Freien ab: Es ist Sommer! Die Kinder genießen die Freuden des Sommers aus vollen Zügen. Baden, Barfußgehen, die Natur entdecken, Ausflüge machen, vielleicht auch Urlaub – und was sonst alles zum Sommer gehört.

Und wieder gibt es vieles zu entdecken: Die Blumen blühen, und zahlreiche Insekten tummeln sich auf den Wiesen, viele Früchte sind bereits reif und können von den Kindern geerntet werden. Kleine Beerensträucher laden zum Naschen ein, große Felder mit Erdbeeren oder Blaubeeren sind ein herrliches Ausflugsziel, wenn nach dem Naschen auch noch etwas übrig bleiben soll, um vielleicht Marmelade daraus zu kochen oder andere Leckereien zuzubereiten.

So viel Bewegung macht ordentlich Appetit und viel Durst. Einer der besonderen Genüsse des Sommers ist, dass man auch einmal draußen kochen und essen kann. Gerne wird im Sommer gegrillt und über dem offenen Feuer Stockbrot gebacken, auch wenn das nicht ganz so gesund ist. Aber dafür bietet es uns die ursprüngliche Erfahrung, Essen unter freiem Himmel über der Glut des Feuers zuzubereiten – was für ein Fest der Sinne! Wie wäre es zur Abwechslung mit einem ausgiebigen Picknick auf einem Ausflug? Dazu gehört der richtige Proviant, der gut mit den Kindern vorbereitet werden kann. Und vielleicht führt der Ausflug ja an einem Holunderbusch vorbei, und die Kinder können Blüten für einen leckeren und erfrischenden Sirup ernten.

Zum Sommer gehört in ganz vielen Kindergärten ein großes Sommerfest: Spiele und Basteleien gibt es da, und natürlich auch leckeres Essen. Mit ein bisschen Fantasie wird das Sommerfest zu einem Höhepunkt im Kindergartenjahr, mit dem sich vielleicht die zukünftigen Schulkinder und der Kindergarten festlich voneinander verabschieden können. Und der Sommer bietet vieles, woraus auf dem Fest kleine Erinnerungen und Geschenke gebastelt werden können. Manche davon können auch ganz köstlich sein …

# Lebensmittel entdecken im **Sommer**

## Ab ins Erdbeerfeld

Wie herrlich ist im Sommer ein Ausflug ins Erdbeerfeld, bei dem die Kinder die saftigen Früchte direkt vom Feld ernten können! Was nicht vor Ort vernascht wird, nehmen die Kinder in großen Schalen mit in den Kindergarten. Daraus lassen sich frische Obstsalate, Fruchtspieße und Quarkspeisen herstellen. Wenn sie aus den selbstgepflückten Erdbeeren Marmelade herstellen dürfen, haben die Kinder ein tolles Mitbringsel für zuhause, bei dem sie von der Ernte an alles selbstgemacht haben.

> **TIPP**
>
> Für den Ausflug bringen die Kinder von daheim kleine Eimer mit, besonders praktisch sind große Joghurtbecher mit Henkel. Bei sonnigen Temperaturen an Schirmmütze, Sonnencreme und Trinkflasche denken!

## Erdbeermarmelade

*Ein echter Klassiker in der Erdbeerzeit ist eingekochte Marmelade, die die Kinder mit etwas Hilfe selbst herstellen können. Ob sie sich für diese klassische Variante oder für die kaltgerührte Marmelade entscheiden, lecker wird es auf jeden Fall. Kaltgerührte Marmeladen werden mit einem speziellen Gelierzucker (im Lebensmittelhandel erhältlich) zubereitet und können auch schon von jüngeren Kindern hergestellt werden, deren Hände außer Reichweite von heißen Herdplatten bleiben sollen.*
*Rezepte für eine klassische, eingekochte Erdbeermarmelade gibt es viele. Hier ist ein Basisrezept:*

**Zutaten**

| | |
|---|---|
| 1 kg | Erdbeeren (oder anderes frisches Sommerobst) |
| 350 g | Gelierzucker 3:1 |
| 2 EL | Zitronensaft |
| | Evtl. Vanille oder Mandelstücke |

## Zubereitung

Die Erdbeeren waschen, trocknen, putzen und pürieren.

Nach Geschmack Gewürze wie Vanille oder Zusätze wie Mandelstücke dazugeben.

Den Gelierzucker zum Erdbeerpüree geben, gut vermischen und aufkochen.

Die Masse vier Minuten sprudelnd kochen lassen und zum Schluss den Zitronensaft untermischen.

Gläser und Deckel kurz vor dem Befüllen heiß ausspülen, damit sie sauber sind und damit die Gläser nicht platzen, wenn die heiße Marmelade hineingegeben wird.

Die Gläser randvoll mit der heißen Marmelade befüllen und fest verschließen.

### TIPP

Einfacher ist es, wenn die Gläser fünf Minuten lang im Backofen bei 120 °C erhitzt werden.

# Kaltgerührte Marmelade

### Zutaten

| | |
|---|---|
| 500 g | Erdbeeren |
| 500 g | Gelierzucker ohne Kochen |
| 1 EL | Zitronensaft |

### Zubereitung

Die gewaschenen und geputzten Erdbeeren mit dem Gelierzucker und dem Zitronensaft in einen Mixer geben.

Die Masse etwa eine Minute pürieren.

Die Marmelade in Schraubgläser füllen und kaltstellen.

Der Fruchtaufstrich ist im Kühlschrank etwa zwei Wochen haltbar, eingefroren in kleinen Plastikbehältern mindestens zwei Monate.

### Variante

Je nach Saison sind auch andere Obstsorten gut geeignet, z. B. Pflaumen oder verschiedene Beeren im Spätsommer und Herbst.

# Fruchtpüree

### Zutaten

| | |
|---|---|
| 250 g | Erdbeeren, frisch oder tiefgekühlt |
| 1 EL | Zucker oder Honig |
| | Vanille nach Belieben |

### Zubereitung

Die gewaschenen und geputzten Erdbeeren mit dem Zucker (oder Honig) und der Vanille pürieren und in Gläser oder Schälchen füllen.

Das Fruchtpüree sollte noch am selben Tag verzehrt werden.

Gekühlt hält es sich einen Tag länger.

### TIPP

Das Fruchtpüree kann auch gut in Joghurt oder Quark eingerührt oder zu einem Milchshake weiterverarbeitet werden.

# Joghurteis mit Früchten

*Meist sammeln die Kinder mehr Erdbeeren, als gleich verarbeitet werden können. Bevor Früchte übrig bleiben und verderben, kann man sie einfrieren. Damit die Erdbeeren nach dem Auftauen noch ihre Form haben, sollte man sie zunächst auf einem Blech ausbreiten, ohne dass sie sich berühren, und anfrieren. Die angefrorenen Erdbeeren können später platzsparend in Gefrierbeutel umgefüllt werden. Aus den gefrorenen Beeren machen die Kinder ein fruchtiges Eis.*

Für ein gutes Gelingen müssen die Früchte tiefgefroren und der Joghurt gut gekühlt sein.

Die tiefgefrorenen Früchte mit der Hälfte des Joghurts in einen Mixer geben und ca. 30 Sekunden lang zerkleinern.

Den restlichen Joghurt aus dem Kühlschrank nehmen und mit dem Honig oder Zucker in den Mixer geben.

Für eine Minute im Mixer glattrühren.

Wenn das Eis zu sauer schmeckt, eventuell noch ein wenig nachsüßen.

## Zutaten (4 Portionen)

| | |
|---|---|
| 250 g | Naturjoghurt |
| 150 g | tiefgekühlte Früchte nach Geschmack (Himbeeren eignen sich weniger, da sie viele Kerne enthalten) |
| 1 EL | Zucker oder Honig |
| | Evtl. Eistüten oder Eiswaffeln |

## TIPP

Die Mischung kann sofort gegessen oder in einem verschließbaren Gefäß im Tiefkühlschrank für einige Wochen aufbewahrt werden.

# Holunderblütensirup

*An sonnigen Sommertagen bietet sich ein Ausflug an, um Holunderblüten zu sammeln, aus denen man Sirup machen kann. Holunder ist meist an Wald- oder Feldrändern zu finden. Er blüht – je nach Standort – zwischen Mai und Juli, weshalb der Ausflug rechtzeitig eingeplant werden sollte. Zum Einsammeln der Blüten brauchen die Kinder große Taschen, denn die Blütendolden nehmen viel Platz ein. Holunderblütensirup ist eine gute Basis für leckere Limonade an heißen Sommertagen. Man kann aber auch an kalten Tagen einen Schuss davon in heißem Tee genießen.*

## Zutaten

| | |
|---:|---|
| 2 l | Wasser |
| 1 kg | Zucker |
| 10–20 | Holunderdolden |
| 3 | Zitronen (Bio-Zitronen, oder Zitronen schälen) |
| 40 g | Zitronensäure als Pulver (aus der Apotheke) |

## Zubereitung

Die Holunderdolden ausschütteln, vorsichtig in stehendem Wasser waschen und trockenschütteln.

In einem geschmacksneutralen Gefäß (z. B. Porzellan, Keramik, kein Metall) den Zucker im Wasser auflösen.

Die Zitronen in Scheiben schneiden und mit den Holunderblüten dazugeben.

Das Gefäß mit einem Tuch abgedeckt ein paar Tage stehen lassen.

Anschließend die Flüssigkeit durch ein Sieb oder ein Tuch abseihen und mit dem Zitronensäurepulver vermischen.

Den Sirup in saubere Flaschen füllen, die im Kühlschrank aufbewahrt werden.

Gut gekühlt hält er sich mehrere Wochen.

Zum Trinken als Limonade Mineralwasser mit einem Schuss Sirup mischen.

## Variante

Den Sirup zusammen mit ein paar Blüten in Eiswürfelbehälter einfrieren. Die gefrorenen Eiswürfel mit den Blüten sehen im Mineralwasser sehr dekorativ aus.

## Pfannkuchen mit Holunderblüten

*Holunderblüten lassen sich gut in Pfannkuchen verarbeiten.*

### Zutaten

Pfannkuchenteig
Holunderblüten

### Zubereitung

Pfannkuchenteig in die heiße Pfanne geben und die gewaschenen und abgetropften Dolden mit der Blüte voran in den noch weichen Teig tunken und mitbacken.

Den Pfannkuchen wenden und die zweite Seite mit dem Doldenstiel backen.

Vor dem Servieren lässt sich der Stiel ganz leicht abziehen.

# Waldmeisterlimonade

*Ab Ende April können die Kinder aus einer anderen Pflanze ebenfalls eine schmackhafte Limonade herstellen. In halbschattigen Wäldern ist Waldmeister zu finden, der am besten vor und während der Blüte gesammelt wird. Trocknet man die Blätter einige Stunden, entsteht der typische Waldmeistergeschmack.*

## Zutaten

| | |
|---|---|
| 1 l | Mineralwasser |
| ½ l | Apfelsaft |
| | Getrocknete Waldmeisterstengel |

## Zubereitung

Einen Waldmeisterstengel in einen halben Liter Apfelsaft hängen und je nach Geschmack ein bis zwei Stunden ziehen lassen.

Dann den Saft mit einem Liter kühlem Mineralwasser aufgießen und in Gläsern servieren.

# Bewegung und Entspannung im **Sommer**

Bei all den Aktivitäten, die der Sommer bietet, darf die Entspannung nicht zu kurz kommen. Für viele Erwachsene ist es selbstverständlich, regelmäßig ein bisschen auszuruhen. Aber auch den Kindern tut das gut, wenn sie einfach einmal gar nichts machen. Wie schön ist es, im warmen Sommer auf einer Wiese zu liegen und vor sich hin zu träumen. Eine kleine Massage hilft beim Entspannen und lenkt die Aufmerksamkeit auf die eigene Wahrnehmung – und um gesunde Ernährung geht es dabei auch ein bisschen.

In den darauf folgenden Spielen geht es wieder etwas bewegter zu, wenn die Kinder ihr Wissen über Lebensmittel und Ernährung ausbauen.

## Entspannte Küche

### Ort / Material

- Wiese
- Evtl. ruhige Musik

### Anleitung

Die Kinder suchen sich zu zweit einen Platz auf der Wiese. Eines der Kinder legt sich bequem auf den Bauch, das andere Kind kniet daneben und massiert seinen Rücken mit ruhigen Bewegungen. Die Spielleitung gibt die Bewegungen an und führt sie bei kleineren Kindern vor.

| | |
|---|---|
| Heute wollen wir frischen Erdbeerjoghurt machen. Dazu gehen wir auf das Erdbeerfeld. | *Mit den Fingern auf dem Rücken gehen.* |
| Wir pflücken viele Erdbeeren, und unsere Körbe füllen sich. | *Kleine zupfende Bewegungen (nicht kneifen), zwischendurch über den ganzen Rücken streichen.* |
| Jetzt haben wir genügend Erdbeeren gepflückt und gehen in unsere Küche. | *Mit den Fingern auf dem Rücken gehen.* |
| Zuerst werden die Erdbeeren gewaschen. | *Große, kreisende Bewegungen auf dem Rücken.* |

Dann werden die Stiele entfernt und die Erdbeeren kleingeschnitten.

*Mit der Handkante das Messer imitierend quer
über den Rücken streichen.*

Die Erdbeeren schütten wir in die Schüssel mit
dem Joghurt und verrühren alles.

*Mit der Faust kreisende, massierende Bewegungen.*

Nun ist der frische Erdbeerjoghurt fertig, und wir
essen ihn genüsslich.

*Den ganzen Rücken mit sanften Streichbewegun-
gen verwöhnen, die immer langsamer werden und
schließlich stoppen.*

*Die Kinder können noch eine Weile liegen bleiben, dann wechseln sie die Rollen.*

# Stille Gemüsepost

## Material

• Verschiedene Lebensmittel oder Lebensmittelattrappen in einem Sack verborgen

Die Kinder sitzen im Kreis auf einer Wiese (oder
im Gruppenraum, in der Turnhalle o. Ä.).
Sie halten ihre Hände auf dem Rücken verborgen.
Die Spielleitung legt einem Kind verdeckt ein Le-
bensmittel in die Hand, z. B. eine Kartoffel oder
Paprika.
Das Kind soll ertasten, was es hinter seinem Rü-
cken hält.
Dann gibt es das Lebensmittel weiter, das von
einem Kind zum nächsten wandert.
Die Kinder sprechen ihre Vermutungen nicht laut
aus.
Erst wenn das letzte Kind an der Reihe war, verra-
ten sie ihre Lösungen.

## Variante

Ab und zu dürfen die Kinder einen Tipp geben, in
dem sie das Lebensmittel allerdings nicht nennen
sollen. Bei einer Kartoffel könnte das Kind z. B. sagen: „Das Lebensmittel wächst unter der Erde" oder
„Daraus macht meine Mutter immer Brei, wenn
wir Fisch essen".

# Auf dem Wochenmarkt

## Material

- Verschiedene Lebensmittel, Lebensmittelkärtchen oder -attrappen aus dem Kaufmannsladen
- Je 1 kleines Plakat für jede Lebensmittelgruppe (Getränke, Getreide / Kartoffeln, Obst / Gemüse, Milch-/Milchprodukte / Ei / Fisch / Fleisch, Fette, Extras wie Süßigkeiten und Knabbereien, → S. 15–17)
- Evtl. Kärtchen mit verschiedenen Mahlzeiten (Foto oder ein gemaltes Bild)

## Anleitung

Die Kinder bauen im Freien Marktstände mit den Lebensmittelgruppen auf: Dafür suchen sich einige Kinder einen Platz auf dem Gelände, an dem sie das Plakat mit ihrer Lebensmittelgruppe platzieren und dazu alle Lebensmittel, Kärtchen oder Lebensmittelattrappen legen, die zu ihrem Stand gehören. Die übrigen Kinder sammeln sich am „Eingang" des Marktes.

1. Die erste Aufgabe besteht darin, dass die Kinder nacheinander verschiedene Lebensmittel einkaufen.

   Nennt die Spielleitung den Begriff „Brokkoli", gehen sie zum Gemüsestand und kaufen Brokkoli.

   Die Zuordnung der Lebensmittel zu den Ständen ist nicht immer einfach und muss manchmal in der Gruppe besprochen werden.

   Limonaden können beispielsweise nicht beim Getränkestand erstanden werden, sondern es gibt sie nur beim Stand für „Extras", wo die besonders zucker- und fettreichen Nahrungsmittel ihren Platz haben.

**2.** Wenn die Kinder die erste Aufgabe gut bewältigt haben, darf die zweite Aufgabe etwas schwerer sein:

Je zwei Kinder bekommen eine Mahlzeit genannt oder auf einem Kärtchen gezeigt, z. B. Kartoffeln mit Quark oder Nudeln mit Tomatensoße und einem Glas Wasser.

Sie sollen die Zutaten für diese Mahlzeit einkaufen.

Dabei gehen sie von Marktstand zu Marktstand, bis sie alles Nötige haben und mit einem vollen Korb zum „Eingang" zurückkehren.

Dort kontrollieren die anderen Kinder, ob sie an alles gedacht haben oder ob noch etwas fehlt.

Dann sind die nächsten beiden Kinder an der Reihe.

# Schlappe oder fitte Kinder

*Das folgende Spiel setzt voraus, dass die Kinder schon einiges über gesunde Ernährung wissen.*

### Ort
• Wiese

### Anleitung
Ob ein Lebensmittel schlapp oder fit macht, können die Kinder in einem Spiel pantomimisch darstellen.

Die Spielleitung nennt ein Lebensmittel, z. B. eine Tomate.

Denken die Kinder, dass sie gesund ist und fit macht, laufen sie auf der Wiese munter durcheinander.

Glauben sie dagegen, dass sie schlapp macht, schleichen sie durch das Gelände oder setzen sich auf den Boden.

### TIPP

Sicherlich gibt es zu einzelnen Lebensmitteln auch unterschiedliche Meinungen.

Das ist ein guter Anlass, um in der Gruppe darüber zu sprechen, was eher stimmt und warum.

### Geeignete Lebensmittel
• Tomate, Apfel, Möhre
• Schokohörnchen, Gummibärchen, Chips
• Eistee, Cola, Wasser, Früchtetee
• Naturjoghurt, Pudding
• Weißbrot, Vollkornbrot
  u. v. m.

# Ein Höhepunkt im **Sommer:** Das Sommerfest

Das Kindergartenjahr nähert sich seinem Ende. Vieles wird abgeschlossen, und für die Vorschulkinder kommt die Zeit des Abschieds. In den vergangenen Jahren haben sie im Kindergarten viel erlebt, gespielt und gelernt. Nun werden sie in die Schule entlassen, und andere Kinder nehmen nach und nach ihren Platz ein. Das alles kann der Kindergarten mit einem Sommerfest gemeinsam mit Eltern und Kindern feierlich begehen. Möglichkeiten gibt es viele, wie das Fest ausgerichtet werden kann: Ob die Eltern ein Büffet mit ihren Speisen und Getränken gestalten, ob der Kindergarten gemeinsam mit den Kindern etwas vorbereitet, oder ob die ErzieherInnen sich einmal verwöhnen lassen dürfen – ein großes Fest kann an diesem Tag bestimmt gefeiert werden.

# Alle helfen mit

Die Vorbereitungen können auch schon ein Teil des Festes sein. Am Anfang bekommt beispielsweise jedes Elternteil einen Aufkleber mit einem Symbol (z. B. Blume, Karotte oder Apfel), das den Aufgabenbereich symbolisiert. Nach der Begrüßung sammeln sich die Eltern entsprechend der Symbole in Gruppen: Die Gruppe mit dem Blumensymbol dekoriert z. B. den Essensbereich mit vorbereitetem Material (kleine, von den Kindern gebastelte Blumen, frische Blumen / Gräser o. Ä.), während die Gruppe mit der Karotte kleine Gemüsespieße vorbereitet. Die Apfel-Gruppe mixt leckere Fruchtbowlen, während die Brot-Gruppe Brotaufstriche, Sandwiches oder Tortillas zubereitet usw. Möchte man die Eltern kreativ herausfordern, kann eine Gruppe einen Tanz, ein Lied oder ein kleines Theaterstück einstudieren. Bei der gemeinsamen Arbeit kommen auch die Eltern ins Gespräch, die sich bisher nicht so gut kannten. Das Fest wird gemeinsam vorbereitet und die anschließende Feier macht dann noch mehr Spaß!

Soll das Fest ein bisschen länger dauern, können die Kinder auch etwas basteln. Mit der folgenden Blumenpresse (➜ S. 76) entsteht dabei etwas, das sie als Erinnerung mit nach Hause nehmen können. Auch die Samentütchen der „gesammelten Vielfalt"(➜ S. 78) sind eine leichte Bastelaufgabe, und sie sind ein schönes Geschenk für Eltern, Freunde und Verwandte.

# Eine Kräuter- und Blumenpresse selber bauen

### Material

- 2 Sperrholzplatten (20 × 20 × 0,8 cm, zuschneiden lassen)
- 4 Schlossschrauben (6 × 40 mm)
- 4 Flügelmuttern M6
- 6 Wellpappeplatten (20 × 20 cm, selber zuschneiden)
- 10 Blätter saugfähiges Papier (20 × 20 cm, z. B. Löschpapier)
- Kräuter, Blumen

### Werkzeug

- Hammer
- Drillbohrer (oder Akkuschrauber)
- Bohrspitze 6 mm für Holz
- Schleifpapier 100er Körnung
- Lineal (30 cm) und Bleistift
- Teppichmesser (Cutter) oder scharfes Messer
- Schere

### Bauanleitung

Die Sperrholzplatten an den Kanten schleifen, damit keine Splitter herausstehen. Wer es gründlich machen will, schleift auch die Flächen.

Die beiden Diagonalen auf einer Seite jedes Brettes zeichnen, indem die gegenüberliegenden Eckpunkte der Sperrholzplatten mit einem Bleistiftstrich (Lineal) verbunden werden.

Auf diesen Linien mit 3 cm Abstand von den Ecken Bohrlöcher anzeichnen.

Die Löcher auf einem Arbeitsbrett oder einer Unterlage bohren, sonst reißt leicht die unterste Holzschicht aus.

Schlossschrauben durch eine Platte stecken und festklopfen, damit sie sich später nicht mitdrehen.

Wellpappe und Papiere mit Teppichmesser (Cutter) und Schere auf 20 × 20 cm zuschneiden. Die Ecken schräg abschneiden, damit die Schraube daran vorbeipasst.

Abwechselnd eine Lage Pappe und zwei Lagen Papier zwischen die beiden Sperrholzplatten legen, die jeweils oberste und unterste Lage ist aus Wellpappe.

Die zweite Sperrholzplatte so auf die oberste Pappe legen, dass die Schrauben durch die Löcher geführt werden.

Dann die Flügelmuttern aufschrauben – fertig!

## Pflanzen pressen

Kräuter und Blumen so zwischen zwei oder mehr Papierblätter legen, wie sie nachher trocknen sollen – getrocknete Pflanzen können nicht mehr zurechtgebogen werden. Wenn nötig, Wurzeln, Zweige, Stiele oder Fruchtknoten mit einem scharfen Messer abflachen. Die Blumen oder Kräuter bleiben mindestens zwei Wochen in der Presse.

## Gestaltung

Mit dem gepressten Naturmaterial lassen sich Bilder, Karten, Lesezeichen oder Kalender gestalten. Zum Aufkleben gepresster Pflanzenteile eignet sich z. B. zähflüssig angerührter Tapetenkleister. Zum Anlegen von Naturbüchern können die getrockneten Pflanzen in Fotoalben mit selbsthaftenden Blättern gelegt werden.

## Trockensträuße

Kräuter und Blumen können auch getrocknet werden, indem sie zu Sträußen gebunden und mit den Stielen nach oben aufgehängt werden. Daraus entstehen schöne Trockensträuße, oder sie werden später zu Duftsäckchen (➜ S. 111) oder Tees (➜ S. 109) weiterverarbeitet. Dafür sollten sie an möglichst abgelegenen Orten gesammelt werden.

# Gesammelte Vielfalt

## Material

- Kleine Eimer oder Schüsseln
- Kleine Tüten
- Bunte Bänder, Büroklammern
- Stifte

## Anleitung

Sind Blumen und Kräuter (z. B. Kapuzinerkresse, Ringelblumen oder Lavendel) im Garten verblüht, sammeln die Kinder aus den verwelkten Blüten die Samen für die nächste Aussaat im Frühling ein.

Von manchen Samenständen lassen sich die Samen direkt abstreifen, andere müssen vorsichtig geöffnet werden.

Blumensamen wie die der Sonnenblume lösen die Kinder aus der Blüte heraus.

Zuerst bemalen die Kinder Tütchen, in denen die Samen aufbewahrt werden.

Ein Erwachsener hilft, wenn auch der Name der Blume auf der Tüte stehen soll. Wer später eine bunte Überraschung erleben will, mischt verschiedene Samen durcheinander.

Die Samen möglichst an trockenen und sonnigen Tagen sammeln und eventuell etwas nachtrocknen lassen. Feuchte Samen verschimmeln leicht!

Die trockenen Samen in die Tüten füllen und die Tüten mit bunten Bändern verschließen. So sind sie auch ein schönes selbstgemachtes Geschenk.

Im nächsten Frühling werden die Samen direkt in den (frostfreien) Boden oder in einen Blumenkasten gesät.

# Zum Sommer gehört das Picknick

Wenn im Sommer das Leben sowieso oft im Freien stattfindet, dann gehört es natürlich dazu, auch einmal draußen zu essen. Das ist ein tolles Erlebnis, und auf der Wiese schmecken die Speisen oft auch ganz anders als im Haus. Außerdem haben sich die Kinder ja vielleicht auf dem Weg zum Picknick schon etwas hungrig gewandert. In jedem Fall ist das Essen in der Natur ein Fest für die Sinne und

eine schöne Unternehmung für den ganzen Kindergarten – sei es als besondere Variante für das Sommerfest oder als Ausflug zwischendurch. Ein paar Leckereien sind leicht vorzubereiten, mit denen das Picknick auch ein gesunder Höhepunkt wird. An ausreichend durstlöschende Getränke (Früchte- oder Kräutertee, Wasser oder Saftschorlen) sollte gerade an einem warmen Sommertag gedacht werden.

Die folgenden Rezepte ergeben eine gute Stärkung, und die Kinder können bei der Zubereitung gut mithelfen.

# Gefüllte Tortilla

## Zutaten (4 Portionen)

| | |
|---|---|
| 4 | Tortillas (Weizenfladen) |
| 1 | Salatgurke |
| 1 | Möhre |
| 60 g | Schnittkäse, z. B. Gouda |
| 4 | Scheiben Kochschinken |
| 4 TL | Frischkäse |
| | Salatblätter, z. B. Eisbergsalat |
| | Evtl. Maiskörner, Thunfisch, warme Putenbruststreifen, Tomaten, Paprikastreifen, Bohnen, Hackfleisch oder Reis |
| | Evtl. saure Sahne, Senf, Tomatenmark oder Ketchup |

## Zubereitung

Die Gurke und die Möhre waschen und schälen. Aus dem Gemüse lange, schmale Streifen schneiden. Von dem Salat einige große Blätter abzupfen und waschen.

Den Kochschinken in feine Streifen schneiden. Den Käse grob raspeln.

Die Tortillas dünn mit Frischkäse bestreichen, darauf die Salatblätter legen.

Den Schinken und die Gemüsestreifen auf der Tortilla verteilen und zum Schluss den Käse darüberstreuen.

Die Tortilla auf zwei gegenüberliegenden Seiten etwa einen Zentimeter umklappen.

Nun die Tortilla fest aufrollen.

In der Mitte mit einem scharfen Messer zerteilen und die Hälften gut in Frischhaltefolie wickeln.

## Varianten

- Die gefüllte Tortilla eignet sich auch als Pausenbrot oder für den Kindergeburtstag. Die Fladen können nach Belieben mit Maiskörnern, Thunfisch, warmen Putenbruststreifen, Tomaten, Paprikastreifen, Bohnen, Hackfleisch oder Reis gefüllt werden.
- Zum Bestreichen der Tortillas eignen sich auch saure Sahne, Senf, Tomatenmark oder Ketchup.
- Werden die Tortillas frisch belegt und gleich verzehrt, wärmen Sie sie vor dem Füllen im Backofen auf, dann sind die Fladen schön knusprig.

# Brottürmchen

## Zutaten (4 Portionen)

| | |
|---|---|
| 8 | kleine Scheiben Graubrot ohne Rinde |
| 4 | kleine Scheiben Vollkornbrot aus feinem Mehl ohne Rinde oder Pumpernickel |
| 200 g | Frischkäse oder milder Ziegenfrischkäse |
| 2 | Möhren |
| 1–2 EL | frische oder tiefgekühlte Kräuter |
| | Etwas Zitronensaft |
| | Salz, Pfeffer |

## Zubereitung

Die Kräuter waschen und feinhacken.

Die Möhren schälen und feinraspeln.

Den Frischkäse in eine Schüssel geben und mit Salz, Pfeffer und etwas Zitronensaft cremig rühren.

Die Möhrenraspel dazugeben.

Die Graubrotscheiben mit dem Frischkäse bestreichen und die Scheiben aufeinandersetzen.

Das Vollkornbrot als Deckel auf das Graubrot legen und anschließend das gesamte Brot in Würfel schneiden.

## TIPP

Sie können den Frischkäse auch halbieren und eine Hälfte mit Möhren, die andere mit Tomatenmark vermischen. Mit etwas Fantasie sehen die Türme wie kleine Leuchttürme aus.

# Lebensmittel-Forscher im **Sommer**

*An heißen Tagen gibt es kaum etwas Schöneres als ein leckeres, kühles Getränk zum Durstlöschen. Im ersten Experiment bereiten sich die Kinder ihre Limonade selbst zu und erleben, wie das Sprudeln der Kohlensäure entsteht. Auch bei dem zweiten Experiment geht es um Kohlensäure. Hier lässt sich schön beobachten, wie die aufsteigende Kohlensäure sogar Johannisbeeren transportieren kann – ein bisschen Physik im Alltag.*

## Die kleine Brausefabrik

### Material

- Kanne
- Große Gläser
- Kleine Löffel
- 50 g Zitronensäurepulver
- 50 g Zucker
- 25 g Natron
- 2 l Wasser
- 1 l Traubensaft oder anderer Fruchtsaft

### Anleitung

Jedes Kind bekommt ein großes Glas, in das es je einen kleinen Löffel Zitronensäurepulver und Zucker sowie einen halben Löffel Natron gibt und miteinander vermischt.

Wasser und Traubensaft werden in einer Kanne gemischt und die Gläser der Kinder etwa bis zur Hälfte damit aufgefüllt.

### Was passiert?

Die Zitronensäure (Säure) reagiert mit Natron (Base), und Kohlendioxid entsteht, so dass das Getränk anfängt zu sprudeln.

Die selbstgemachte Brause ist viel spannender, weniger süß und schmeckt besser als gekaufte Limonade.

### TIPP

Noch eindrucksvoller ist es, wenn die gesamte Menge Brause gleich in einer Kanne hergestellt wird.

# Tanzende Johannisbeeren

## Material

- Johannisbeeren
- Große Gläser
- Mineralwasser
- Leitungswasser

## Anleitung

Die Kinder bilden kleine Gruppen von vier bis fünf. Jede Gruppe bekommt ein Glas mit Leitungswasser und eines mit Mineralwasser.

Jedes Kind lässt eine Johannisbeere in das Glas mit Leitungswasser fallen und beobachtet, was passiert. Die Beeren sinken auf den Boden des Glases.

Was geschieht, wenn sie die Beeren in das Glas mit Mineralwasser geben?

Sie sinken zwar auch auf den Grund des Glases, steigen dann aber wieder nach oben, bevor sie ein weiteres Mal zu Boden sinken.

### Was passiert?

Wenn die Kinder die Beeren genau anschauen, entdecken sie viele kleine Bläschen an der Beerenoberfläche. Die Bläschen sind leichter als Wasser, steigen nach oben und nehmen beim Aufsteigen die Beeren mit. Entweichen die Bläschen an der Wasseroberfläche, sind die Beeren alleine zu schwer und sinken wieder auf den Boden. Dort beginnt das Ganze wieder von vorne, so dass es aussieht, als ob die Beeren durch das Glas tanzten.

# Der kleine Gärtner im **Sommer**

## Pflegen ...

Der Sommer ist die Zeit, in der im Garten das Unkraut sprießt und der kleine Gärtner viel Arbeit damit hat, sein Beet sauber zu halten. Dafür wird er mit schönen Blumen wie Lavendel und Ringelblumen belohnt, und auch die ersten Früchte können geerntet werden.

Viele Pflanzen ziehen Schmetterlinge, Hummeln, Bienen und andere Insekten an, die die Kinder beobachten können. Was machen die Insekten in dem Laubhaufen, den die Kinder für

sie eingerichtet haben (→ „Der kleine Gärtner im Frühling" S. 47)? Wie viele unterschiedliche Tiere können sie dort entdecken?

## ... gießen ...

Jetzt scheint häufig die Sonne so stark, dass die Pflanzen viel Wasser brauchen. Der kleine Gärtner muss daher ständig auf der Hut sein, damit seine Pflanzen nicht die Köpfe hängen lassen. Deshalb empfiehlt es sich, den Boden nur oberflächlich mit einer kleinen Gartenkralle aufzulockern. Der Boden wird so gut belüftet, ohne zu viel Feuchtigkeit aus der Erde zu leiten. Den Pflanzen steht dann an

den Wurzeln mehr Wasser zur Verfügung, wo sie es benötigen, um die Nährstoffe aufzunehmen. Eine Schicht aus Rindenmulch schützt den Boden zusätzlich vor zu großer Austrocknung, und das Unkraut sprießt auch weniger. Die Pflanzen sollten nicht im prallen Sonnenschein gegossen werden, sondern besser am frühen Morgen.

## ... und ernten!

Im Sommer gibt es schon viel zu ernten: Die Kinder können ab Juli Kirschen naschen, Himbeeren und Stachelbeeren ab August. Auch Kräuter und Gemüse sind reif und können geerntet werden: Tomaten (Juli bis Oktober), Zucchini (Juli bis Mitte Oktober), Paprika (August bis Oktober), Möhren (Juni bis Mitte Juli), Kohlrabi (Mitte Juni bis Mitte September). Pflücksalat können die Kinder den ganzen Sommer über ernten, indem sie immer nur die äußeren Blätter pflücken, damit die Pflanze über mehrere Wochen neu austreibt. Auch jetzt ist es noch möglich, neuen Pflücksalat – ebenso wie Feldsalat, Fenchel, Spinat oder Kürbis – auszusäen. Pflücksalat wächst schnell und kann nach ein bis zwei Monaten bis in den Herbst hinein geerntet werden, wenn dann auch die anderen Pflanzen erntereif sind.

### TIPP

Kräutertöpfe aus dem Supermarkt eignen sich oft nicht zum Auspflanzen, weil sie zum sofortigen Gebrauch gezüchtet werden. Besser sind Pflanzen aus der Gärtnerei.

# Herbst

Die Tage werden wieder kürzer und kühler, auch wenn der Altweibersommer mit etwas Wärme diesen Kreislauf scheinbar aufhalten möchte. Allmählich verfärben sich die Blätter der Bäume und Sträucher, um dann leuchtend bunt zu Boden zu fallen. Die Natur bereitet sich langsam auf die kalte Jahreszeit vor, und die Tiere nutzen die letzten warmen Tage, um ihre Vorräte zu sammeln.

Der herbstliche Wind schüttelt nicht nur die Blätter von den Bäumen, er lässt auch die Drachen der Kinder in die Höhe steigen. Oft ist es draußen aber nass und kalt, und die Kinder machen es sich im Warmen gemütlich. Es beginnt auch wieder die Zeit des Bastelns, und die Natur bietet dazu gerade jetzt zahlreiche Materialien wie buntes Laub, Kastanien und Eicheln.

In keiner anderen Jahreszeit gibt es ein so reiches Angebot an heimischem Obst und Gemüse wie im Herbst, wenn die Felder und Bäume abgeerntet werden. Auch auf dem Gelände des Kindergartens lädt vielleicht noch der eine oder andere Beerenstrauch zum Kosten ein, und auch im Gemüsebeet gibt es vieles zum Ernten. Die Kinder freuen sich, wenn sie aus den geernteten Früchten etwas herstellen, das sie im Kindergarten vernaschen oder mit nach Hause nehmen können.

Auch wenn der Herbst die Zeit der Fülle und des Überflusses ist und auch wenn uns heutzutage praktisch alle Lebensmittel jederzeit zur Verfügung stehen: Es ist eine gute Tradition, sich bei einem Erntedankfest daran zu erinnern, dass das keine Selbstverständlichkeit ist. Viele Kinder haben – auch in unserer Nähe – keinen Anteil an diesem Überfluss. Wie der Wohlstand dieser Welt verteilt ist, hat auch mit den Tugenden des Abgebens und Teilens zu tun. Und dass das nicht erst eine Frage unserer Zeit ist, zeigt die Martinsgeschichte, in der es um das Teilen geht. In vielen Kindergärten wird im November mit Umzügen und Laternenfesten an den heiligen Martin erinnert, und was bietet sich mehr an, als auch an diesem Tag für gesundes und leckeres Essen zu sorgen?

# Lebensmittel entdecken im **Herbst**

## Reiche Ernte überall

Im Herbst wird an vielen Bäumen das Obst reif, und es ist eine große Freude für die Kinder, wenn sie es ernten dürfen. Vielleicht steht auch auf dem Kindergartengelände ein Obstbaum oder in einem Garten, den die Kinder besuchen dürfen.

In vielen Gemeinden gibt es private oder öffentliche Streuobstwiesen, auf denen die Kinder – mit entsprechender Genehmigung – Obst sammeln können. Und es ist ein großartiges Erlebnis, daraus anschließend selber Marmelade, Saft oder Trockenobst herzustellen, sei es um das gemeinsame Essen zu bereichern oder zum Verschenken.

Der Herbst ist auch die Zeit der Nussernte. Haselnusssträucher stehen oft an Waldrändern und in Hecken. Ihre Früchte sind reif, wenn die Schalen braun sind. Die pflanzliche Hülle wird abgezogen, dann werden die Nüsse geknackt. Walnussbäume sind nicht so häufig zu finden, einzelne Bäume stehen meistens in Parks. Walnüsse müssen vor dem Verzehr erst gelagert werden. Dazu werden sie von der grünen, stacheligen Schale befreit und zum Trocknen in die Sonne gelegt. Sie sollten jetzt nicht mehr nass werden. Die Nüsse müssen immer wieder gedreht werden, damit sie richtig trocknen, ohne zu faulen. Nach ein paar Wochen (etwa im November) können die Walnüsse dann ebenfalls geknackt werden.

Im Wald entdecken die Kinder auch Bucheckern, die Früchte der Buchen, die ebenfalls gegessen werden können. Dafür entfernt man die stachelige Hülle, knackt mit den Fingern die braune Schale und verzehrt den Kern.

Aus den gesammelten Nüssen können sich die Kinder ihr „Studentenfutter" selbst zusammenstellen. Dazu vermischen sie die Nüsse z. B. mit Trockenobst, Mandeln oder Sonnenblumenkernen. Auch das Obst dafür können sie selbst trocknen.

# Trockenobst selbst herstellen

*Die Kinder wissen meist selbst, dass Zucker nicht gut für sie ist, sie naschen aber gerne etwas Süßes. Neben frischem Obst bietet sich als eine leckere und dekorative Alternative süßes Dörrobst an.*

### Material / Zutaten

- Obst, z. B. Äpfel, Pflaumen, Mirabellen, Birnen
- Schneidebretter, Küchenmesser, Apfelausstecher
- Faden, Nadel

### Anleitung

Um Trockenobst aus Äpfeln oder Birnen selbst herzustellen, entfernen die Kinder mit etwas Hilfe das Kerngehäuse, z. B. mit einem Apfelausstecher.

Die Äpfel und Birnen schneiden sie in Scheiben mit dem ausgestochenen Loch in der Mitte und fädeln sie zum Aufhängen auf.

Auch Pflaumen und Mirabellen sind gut zum Trocknen geeignet, allerdings sind die Steine hier etwas kniffliger zu entfernen, und die Kinder benötigen vielleicht mehr Hilfe.

Die entsteinten Pflaumen und Mirabellen werden nur halbiert, bevor sie mit Hilfe einer Nadel aufgefädelt werden.

Nach einigen Tagen ist das Obst getrocknet und kann gut verschlossen aufbewahrt werden.

### Variante

Obst lässt sich auch im Backofen bei 60 bis 70 °C dörren. Dazu die Backbleche mit Backpapier auslegen, darauf das Obst mit den Schnittflächen nach oben legen (nicht übereinander) und einige Stunden trocknen. Mit dieser Methode lassen sich besonders saftreiche Obstsorten wie Kirschen und Holunderbeeren oder auch Bananen trocknen.

Das Dörrobst muss vollständig abgekühlt sein, bevor es in gut verschließbare Behälter gefüllt wird. Kühle und dunkle Lagerung schützt die Inhaltsstoffe, der dichte Verschluss hält Insekten fern.

# Ein Trockenständer für Apfelringe

*Wer sich gerne handwerklich betätigt, kann für das Obst einen Trockenständer bauen.*

## Material

- 4 Bretter (50 × 10 × 1,5 cm)
- 5 Rundstäbe (Ø 5 mm, 60 cm lang)
- Nägel
- Hammer, Säge, Holzleim

## Anleitung

Für den Trockenständer werden vier Bretter gebraucht, die etwa 50 cm lang und 10 cm breit sind.

Bei zwei Brettern in je eine Seite im Abstand von ca. 10 cm zusätzlich Kerben einsägen, die später als Halterung für die Rundstäbe dienen.

Die Bretter so zu einem Rahmen nageln, dass die gekerbten Bretter an gegenüberliegenden Seiten des Rahmens sind und die Kerben nach vorne zeigen.

Die Rundstäbe müssen dann nur noch in die Kerben gelegt werden.

Die Apfelringe zum Trocknen auf die Rundstäbe reihen und im Rahmen aufhängen.

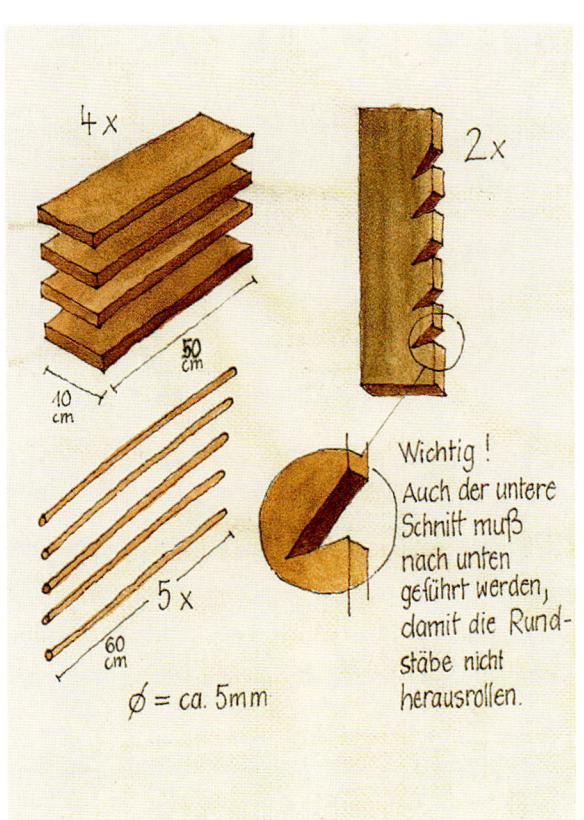

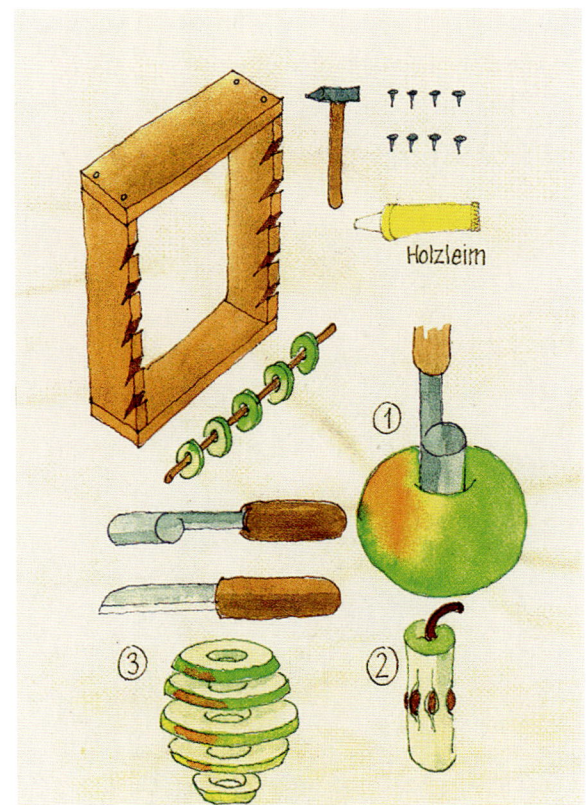

## TIPP

Um dem Rahmen mehr Stabilität zu geben, auf der Rückseite ein weiteres Brett diagonal anbringen.

# Naturjoghurt mit Trockenobst und Haferflocken

## Zutaten

| | |
|---|---|
| 1 | Becher Naturjoghurt oder Dick-milch |
| 5 | Stück Trockenobst nach Wahl |
| 1–2 EL | Haferflocken |
| 1 Prise | Zimt |

## Zubereitung

Den Joghurt mit einer Prise Zimt vermischen und die Haferflocken darunterrühren.
Das Trockenobst in kleine Stücke schneiden, zum Joghurt geben und alles zusammen genießen.

### TIPP

Kernige Haferflocken können zusammen mit dem Obst auf dem Backblech geröstet werden und schmecken so knuspriger.

# Fruchtkugeln

## Zutaten

| | |
|---|---|
| 300 g | Trockenobst |
| 200 g | Sesam, gehackte Nüsse oder Kokosflocken |
| 1 EL | Zitronensaft |
| 1 EL | Honig |
| | Heißes Wasser |

## Zubereitung

Etwas heißes Wasser über das Trockenobst gießen (nicht zu viel!) und eine Weile stehen lassen.
Die Masse mit dem Pürierstab zerkleinern oder durch den Fleischwolf oder die Kartoffelpresse drücken.
Die Hälfte des Sesams, den Zitronensaft und den Honig dazugeben und gut vermischen.
Mit angefeuchteten Händen die Masse zu Kugeln formen und im restlichen Sesam wälzen.
Die Kugeln müssen nun etwas an der Luft trocknen.

# Der selbstgemachte Saft schmeckt am besten!

*Wenn die Kinder viel Obst gesammelt haben, können sie daraus selbst Saft herstellen. Das macht Spaß und ist gesund. Wer es mit kleineren Mengen ganz ursprünglich machen will, drückt das feinzerkleinerte Obst fest durch ein Leintuch. Mit einem Entsafter können auch größere Mengen bewältigt werden. Natürlich geht das auch mit gekauftem Obst, aber aus den eigenen Früchten ist es etwas ganz Besonderes.*

### Material / Zutaten

- Schneidebrett, Küchenmesser
- Schüsseln
- Entsafter
- Kanne oder Flaschen
- Obst, Gemüse
- Evtl. Leintuch

### Anleitung

Die Früchte gründlich waschen und abtrocknen oder schälen, z. B. Orangen.

Kerngehäuse oder Steine entfernen und kleinschneiden.

Wer eine Apfelpresse hat, kann schnell größere Mengen verarbeiten.

Die Früchte in den Entsafter geben, der den Saft vom Fruchtfleisch trennt.

Den Saft in eine Kanne gießen oder in saubere Flaschen abfüllen. Er schmeckt am besten, wenn er sofort getrunken wird.

Kühl und dunkel gelagert kann er höchstens ein oder zwei Tage aufbewahrt werden.

### Geeignete Früchte und Gemüse

Für die eigene Herstellung von Säften sind alle Früchte und Gemüse geeignet, die genug Flüssigkeit enthalten. Gut eignen sich Apfel, Karotte, Birne, Melone, Gurke, Ananas, Paprika, Kirsche, Beeren und Holunder. Lecker sind Kombinationen verschiedener Obst- und Gemüsesorten wie Apfel-Möhre, Melone-Gurke oder Birne-Sellerie. Früchte mit geringem Saftgehalt, z. B. Bananen, müssen statt mit dem Entsafter mit dem Mixer verarbeitet und eventuell etwas mit anderen Säften verdünnt werden.

# Spiele im **Herbst**

*Im Herbst wird es draußen kühler, und es finden wieder mehr Aktivitäten im Kindergarten statt. Die folgenden Spiele nehmen auf unterschiedliche Weise die Themen Ernte und Fülle auf. Sie eignen sich gut für einen Bewegungsraum, aber an warmen Tagen können sie auch draußen stattfinden. Je nach dem Temperament der Gruppe und der Anleitung durch die ErzieherIn kann den Kindern beim Erntespiel auch richtig warm werden.*

# Die Ernte

## Ort
Bewegungsraum

| | |
|---|---|
| Im Herbst hat der Bauer viel zu tun, deshalb steht er schon mit dem ersten Hahnenschrei auf. | *Auf den Boden legen, wie ein Hahn krähen, sich räkeln und strecken.* |
| Er wäscht sich und frühstückt. | *Sich durch das Gesicht wischen und kauen.* |
| Der Bauer steigt in seinen Trecker und fährt auf die Felder. | *Aufstehen, pantomimisch auf den Trecker steigen und durch den Raum fahren.* |
| Zuerst fährt er zum Getreidefeld, wo er das Getreide mähen und die Körner aus den Ähren schlagen muss. | *Schneidebewegungen machen und die Ähren auf dem Boden ausschlagen.* |
| Der Bauer hat das Getreide geerntet und fährt nun zum Feld mit dem Kohl. | *Getreide vom Boden aufsammeln und bündeln, durch den Raum fahren.* |
| Am Kohlfeld angekommen, erntet er den Kohl. Da muss er sich ganz oft bücken. | *Bücken und mit den Händen am Boden zupfen.* |
| Ist der Anhänger des Treckers voll, fährt der Bauer zu seinem Hof und lädt die Getreide- und Kohlernte ab. | *Durch den Raum fahren, stoppen und die Ernte in einer Ecke des Raumes abladen.* |
| Da ruft die Bäuerin, dass auch die Äpfel und Birnen an den Bäumen reif sind und gepflückt werden müssen. | *Mit den Händen vor dem Mund rufen und auf imaginäre Bäume zeigen.* |
| Der Bauer versteht sie aber nicht, weil der Trecker so laut ist. | *Eine Hand hinter das Ohr halten und horchen.* |

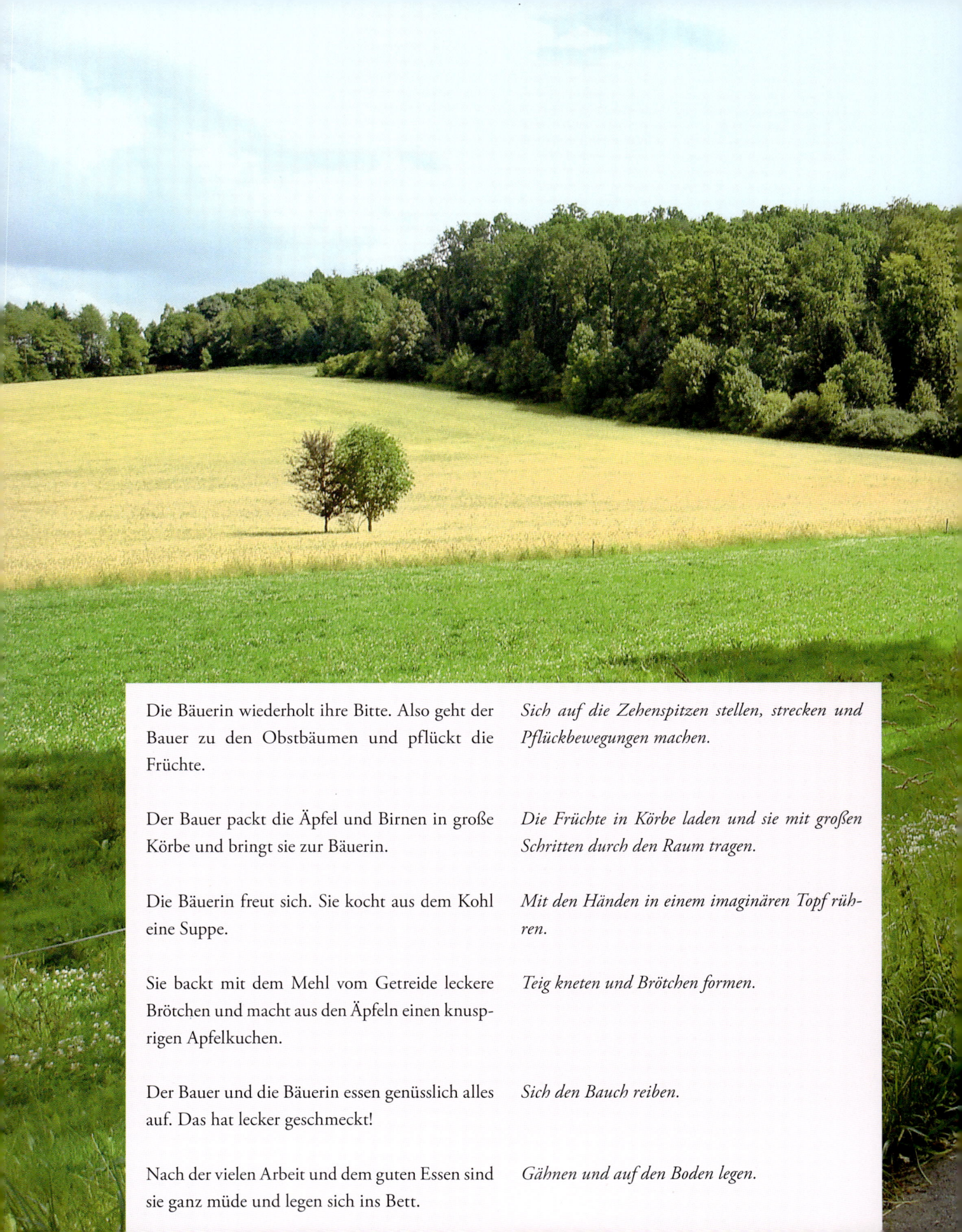

Die Bäuerin wiederholt ihre Bitte. Also geht der Bauer zu den Obstbäumen und pflückt die Früchte.

*Sich auf die Zehenspitzen stellen, strecken und Pflückbewegungen machen.*

Der Bauer packt die Äpfel und Birnen in große Körbe und bringt sie zur Bäuerin.

*Die Früchte in Körbe laden und sie mit großen Schritten durch den Raum tragen.*

Die Bäuerin freut sich. Sie kocht aus dem Kohl eine Suppe.

*Mit den Händen in einem imaginären Topf rühren.*

Sie backt mit dem Mehl vom Getreide leckere Brötchen und macht aus den Äpfeln einen knusprigen Apfelkuchen.

*Teig kneten und Brötchen formen.*

Der Bauer und die Bäuerin essen genüsslich alles auf. Das hat lecker geschmeckt!

*Sich den Bauch reiben.*

Nach der vielen Arbeit und dem guten Essen sind sie ganz müde und legen sich ins Bett.

*Gähnen und auf den Boden legen.*

# Ich packe meinen Rucksack

### Ort
Stuhlkreis

### Anleitung
Ein Ausflug steht bevor, und die Kinder machen sich Gedanken, was sie in ihrem Rucksack mitnehmen müssen, damit sie während des ganzen Tages genug zu essen und zu trinken haben.

Das erste Kind sagt: „Ich packe in meinen Rucksack …"

Das nächste Kind wiederholt das Gesagte und fügt seinen eigenen Vorschlag dazu usw., bis ein gemeinsamer Rucksack gepackt ist, in dem alle Vorschläge der Kinder enthalten sind.

Nach der ersten Runde überlegen alle, ob der Rucksack ausgewogen gepackt ist, ob etwas fehlt oder ob von etwas anderem zu viel eingepackt wurde.

Die Kinder sollen sich dabei an den Lebensmittelgruppen orientieren (➜ S. 15) und eine gesunde Mischung wählen.

In der nächsten Runde achten die Kinder schon während des Packens darauf, dass der Rucksack so zusammengestellt wird, dass sie gesund versorgt sind.

# Ein Höhepunkt im **Herbst**: Laternenumzug zu St. Martin

St. Martin wurde um das Jahr 316 im heutigen Ungarn als Sohn eines römischen Offiziers geboren. Schon früh interessierte er sich für Jesus und den christlichen Glauben. Er wollte ein christliches Leben führen und Gutes tun. Trotzdem musste er mit 15 Jahren zum Militär wie sein Vater.

Eines Tages, an einem kalten Abend, begegnete er am Stadttor von Amiens einem Mann, der nur in Lumpen gekleidet war. Vor Kälte zitternd bat der Mann um eine Gabe. Martins Kameraden beachteten ihn nicht und ritten weiter. Doch Martins Pferd hielt bei dem Mann an. Jetzt erst bemerkte er den Bettler. Da er nichts bei sich hatte außer seinen Waffen und seinem warmen Mantel, nahm er diesen und teilte ihn mit dem Schwert in zwei Hälften. Eine legte er dem Bettler um, die andere nahm er selbst. Seine Kameraden lachten ihn dafür aus. Doch in der folgenden Nacht erschien ihm Jesus im Traum, er trug die Hälfte des Mantels, die der Bettler bekommen hatte. Von diesem Tag an wollte Martin kein Soldat mehr sein, sondern nur noch Jesus dienen.

Das Martinsfest erinnert am 11. November, dem Namenstag Martins, an diese Geschichte und daran, wie wichtig es im Leben ist, miteinander zu teilen. In vielen Kindergärten wird dieses Fest jedes Jahr feierlich mit einem großen Umzug begangen. Auf St. Martin freuen sich die Kinder jedes Jahr: Wochen vorher haben sie in ihren Gruppen fleißig gebastelt, um beim Umzug stolz ihre kreativ gestaltete Laterne zu tragen.

Nach dem Laternenumzug kehren die Kinder gerne zu einem wärmenden Kinderpunsch (→ S. 107) in den Kindergarten zurück. Auch das Martinsbrötchen (→ S. 105) gehört oft dazu, weil mit ihm an die Tugend des Abgebens erinnert wird: Die Kinder teilen es, dem Sinn des Tages entsprechend, miteinander, wie einst Martin seinen Mantel mit dem Bettler. Für das Rezept gibt es viele Varianten, von der süßen Brezel über ein Hörnchen bis zum schlichten Brötchen. Gut eignet sich folgendes Rezept.

# Martinsbrötchen (Milch-Vollkornbrötchen)

## Zutaten (für 10–15 Kinder)

| | |
|---|---|
| 500 g | Weizenvollkornmehl |
| 250 ml | Milch |
| 100 g | Zucker |
| 50 g | Butter oder Margarine |
| 1 Würfel | frische Hefe oder 1 Päckchen Trockenhefe |
| Evtl. 50 g | Rosinen oder anderes Trockenobst |

## Zubereitung

Die Milch etwas erwärmen (handwarm, nicht kochen!), die Butter und den Zucker darin auflösen. Das Mehl in eine Schüssel geben, eine leichte Mulde in die Mitte formen und dort hinein die Milchmischung gießen.

In die Milch die Hefe bröckeln und zugedeckt 20 Minuten gehen lassen.

Wird Trockenhefe benutzt, können alle Zutaten direkt vermischt werden.

Den Backofen auf 180 °C (Umluft) vorheizen und eine Schüssel mit einem Viertelliter Wasser in den Backofen schieben.

Der entstehende Wasserdampf sorgt dafür, dass die Brötchen während des Backens nicht zu trocken werden.

Das Mehl und die Milchmischung gut miteinander verkneten und an einem warmen Ort noch einmal zugedeckt gehen lassen, bis die Teigmenge sich verdoppelt hat.

Den Teig wieder kräftig kneten, in die gewünschte Form bringen (z. B. Brötchen, Martinsgans, Weckmann, Zopf, Schnecke …) und auf ein mit Backpapier ausgelegtes Backblech legen.

Im vorgeheizten Backofen ca. 15–20 Minuten backen.

Das Martinsbrötchen schmeckt pur oder mit selbstgemachter Marmelade bestrichen.

## Variante

Rosinen oder Trockenobst unter den Teig mischen.

Die Weintrauben halbieren und die Äpfel in feine Stücke schneiden.

Das Obst zu dem Tee geben.

Den Apfelsaft zu den restlichen Zutaten in den Topf gießen.

Den Punsch noch einmal kurz erhitzen.

Den warmen Punsch probieren und eventuell mit etwas Honig süßen.

# Kinderpunsch

### Zutaten (für 10 Becher)

| | |
|---|---|
| 1½ l | Apfel- oder milder Früchtetee |
| 500 ml | Apfelsaft |
| 100 g | kernlose Weintrauben |
| 2 | Äpfel |
| 2 | Orangen |
| 1 | Zitrone |
| | Evtl. etwas Honig zum Abschmecken |

### Zubereitung

Den Tee in einem großen Kochtopf zubereiten und abkühlen lassen.

Die Orangen und die Zitrone auspressen und den Saft in den Tee gießen.

Die Äpfel und Weintrauben waschen.

# Die Erntedanksuppe

*In vielen Kindergärten gibt es zum Erntedankfest eine Festsuppe der besonderen Art.*

### Zutaten

Gemüse
Kartoffeln
Gemüsebrühe

Alle Kinder bringen ein Stück Gemüse oder eine Kartoffel mit.

Gemeinsam werden die Zutaten gewaschen, ggf. geschält und kleingeschnitten.

Die Kinder geben sie in einen großen Topf und kochen alles mit etwas Gemüsebrühe weich.

# Kleine Geschenke aus dem Kinder-Garten

*Die schönsten Geschenke sind selbstgemacht oder stammen aus dem eigenen Garten. Ob die Kinder Blumen für ein Duftsäckchen sammeln oder Kräuter schneiden und trocknen für kleine Teebeutel: Diese kleinen Geschenke kommen immer gut an.*

## Wohltuende Teebeutel

### Material / Zutaten

- Kräuter (z. B. Pfefferminze, Zitronenmelisse, Kamille, Thymian, Salbei, Zitronenverbene)
- Blätter (z. B. Himbeere oder Brombeere)
- Orangenschalen von Bio-Orangen
- Teefilter

- Baumwollfaden, Schere
- Kleine Etiketten

### Anleitung

Die Kinder schneiden die Kräuter mit einer Schere ab.

Sie binden sie zu kleinen Bündeln und hängen sie an einem dunklen, trockenen Ort zum Trocknen auf.

Die Blätter der Himbeere und Brombeere sind ganz leicht vom Strauch zu pflücken.

Die Kinder schälen die Orangen und breiten die Schalen auf einem Tablett zum Trocknen aus.

Sind die Kräuter, Schalen und Blätter gut durchgetrocknet, zerbröseln die Kinder sie und geben sie in kleine Teefilter aus Papier.

Die Filter binden sie mit einem bunten Band fest zu.

Ein kleines Etikett am Band verrät den Inhalt des Säckchens und eventuell die Zubereitung.

### Variante

Statt der Teebeutelzubereitung die frischen Kräuter einfach mit kochendem Wasser aufgießen und genießen.

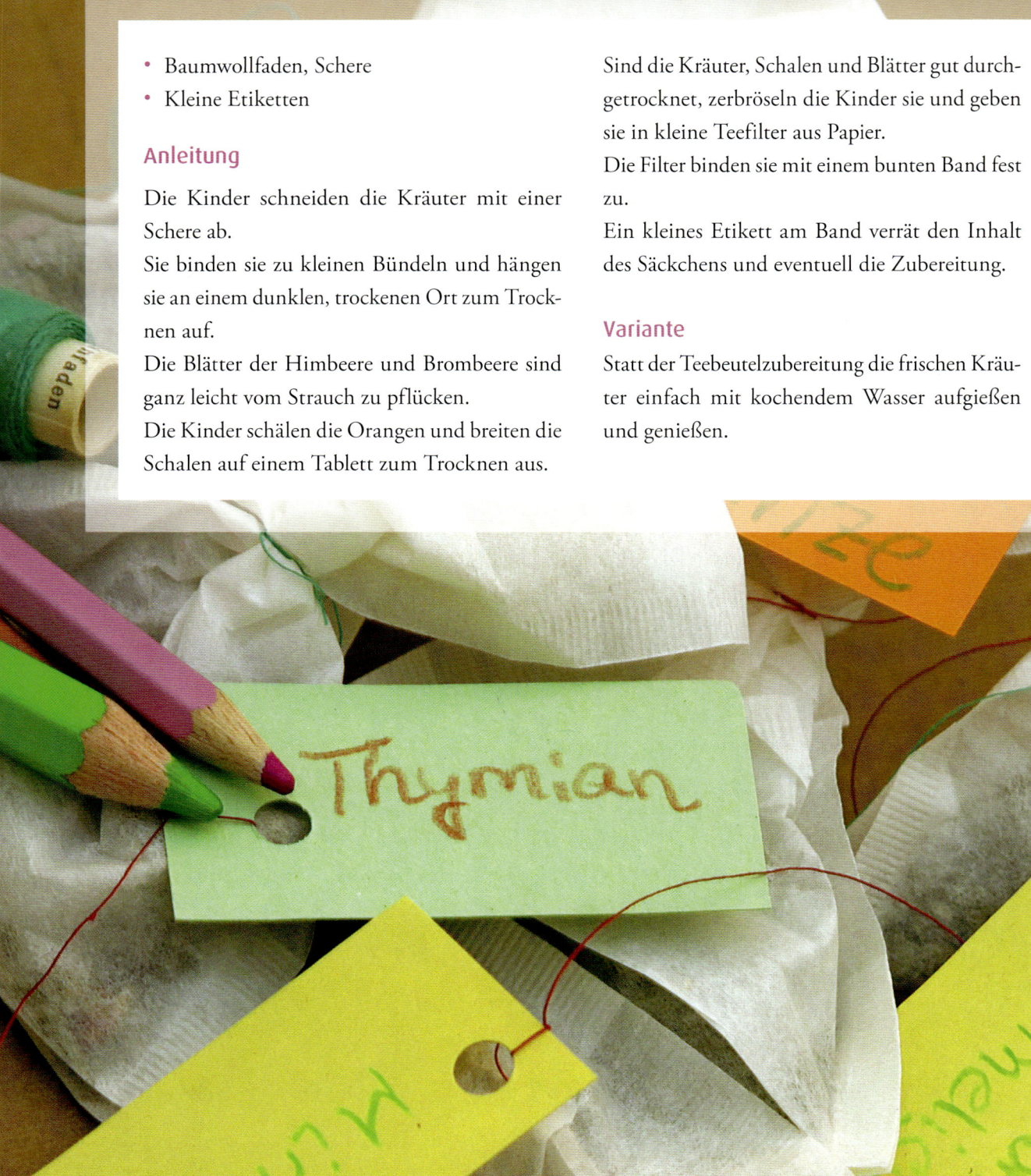

### TIPP

Werden Heilkräuter für die Zubereitung von Kindertee verwendet (Pfefferminze, Kamille, Thymian, Salbei etc.), sollten die Kräuterarten häufig gewechselt werden.

# Blumige Duftsäckchen

### Material / Zutaten

- 1 Stück Baumwollstoff (ca. 15 × 30 cm)
- Passendes Garn, Stoffschere
- Getrocknete Kräuter oder Blumen (z. B. Lavendel, Kamille, Ringelblumen, Minze, Melisse)
- Fester Zwirn

### Anleitung

Die Kräuter oder Blumen frühzeitig an abgelegenen Orten sammeln, wo möglichst saubere Luft ist, und mit den Stielen nach oben aufgehängt trocknen.

Nach etwa ein bis zwei Wochen die benötigten Pflanzenteile (Blüten, Blätter) absammeln.

Für die Säckchen den Stoff in der Mitte falten und an zwei der offenen Seiten rechts auf rechts zusammensteppen.

Das Säckchen auf links ziehen, so dass die Nähte innen sind, und mit den getrockneten Kräutern befüllen.

An der offenen Seite das Säckchen mit einem schönen Band zubinden oder zusammennähen.

### Variante

Für kleinere Duftsäckchen können die getrockneten Kräuter oder Blumen auch erst in einen Teefilter gefüllt werden. Der kann später leicht gegen einen mit frischgetrockneten Kräutern ausgetauscht werden.

# Lebensmittel-Forscher im **Herbst**

*Im Herbst werden viele Gemüsesorten geerntet, so auch einige Kohlarten. Ein wärmender Eintopf (➔ „Bunter Gemüsetopf" S. 127) tut in der kalten Jahreszeit besonders gut. Dass im Rotkohl und anderem Gemüse noch viel mehr steckt als eine leckere Mahlzeit, zeigen die folgenden Versuche.*

## Rotkohl oder Blaukraut?

### Material

- 3 Gläser
- Wasser
- Obstessig (farblos)
- Natron
- ½ Kopf Rotkohl

- Kochtopf, Schneidebrett, Küchenmesser, Sieb, Löffel
- Kanne

### Anleitung

Den Rotkohl kleinschneiden und mit etwas Wasser im Kochtopf aufkochen.

Nach etwa zwei Minuten den Topf vom Herd nehmen, damit das Rotkohlwasser abkühlen kann.

Den abgekühlten Topfinhalt durch ein Sieb gießen und die violette Flüssigkeit, das Rotkohlwasser, in einer Kanne auffangen.

Nun drei Versuchsgläser vorbereiten:

- Jedes Glas zur Hälfte mit Wasser füllen.
- In ein Glas zusätzlich etwas Obstessig, in ein anderes etwas Natron geben.

Können die Kinder hier schon einen Unterschied zwischen den drei Gläsern sehen?
• Dann in jedes Glas etwas Rotkohlwasser geben. Was können die Kinder beobachten?
Das Glas mit purem Wasser färbt sich bläulich-violett wie das Rotkohlwasser. Die Farbe im Essigglas färbt sich rot, während das Glas mit Natron eine grüne Farbe zeigt.

### Was passiert?

Pures Wasser verändert das Rotkohlwasser nicht, es verhält sich neutral. Das Essigwasser im Glas dagegen reagiert als Säure, verändert den Farbstoff Cyanidin im Rotkohl und färbt das Rotkohlwasser rot. Dagegen reagiert Natron als Base, und das Wasser zeigt eine grüne Farbe.

In der regionalen deutschen Küche werden diese Reaktionen folgendermaßen genutzt: Rotkohl wird im Rheinland gerne zusammen mit sauren Äpfeln zubereitet, die den Kohl schön rot färben. In Norddeutschland kocht man den Rotkohl eher mit etwas Zucker, wodurch die Blaufärbung des Rotkohls erhalten bleibt. Deshalb wird er in diesen Regionen auch Blaukraut genannt.

Im Labor werden Farbstoffe wie die im Rotkohlwasser als Indikator für den pH-Wert, also den Säuregehalt, in zahlreichen Experimenten genutzt.

### Variante

Das Rotkohlwasser in Eiswürfelbehälter füllen und einfrieren. Die drei Gläser wie gehabt vorbereiten und jeweils einen Rotkohl-Eiswürfel dazugeben. Das Wasser verfärbt sich entlang der Eiswürfel ganz langsam und bildet feine farbige Schlieren.

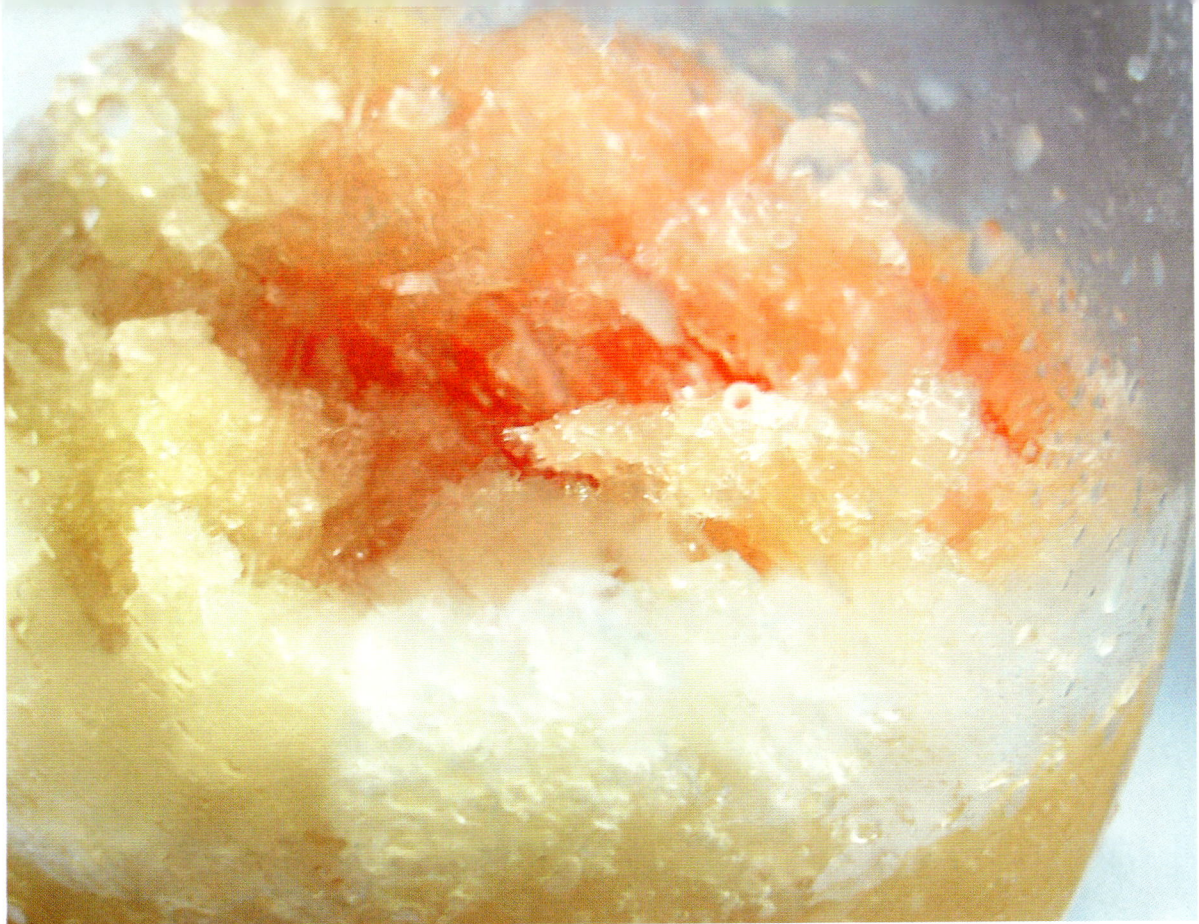

# Verwandlung im Eisschrank

*Übriggebliebenes Rotkohlwasser oder mit Lebensmittelfarbe gefärbtes Wasser kann für ein weiteres Experiment genutzt werden.*

### Material

- Rotkohlwasser oder mit Lebensmittelfarbe gefärbtes Wasser
- Saubere, durchsichtige Plastikflasche
- Trichter
- Evtl. Fruchtsaftgetränk

### Anleitung

Die Plastikflasche mit dem gefärbten Wasser mithilfe eines Trichters etwa zu drei Viertel füllen und aufrecht in den Gefrierschrank stellen.

Am nächsten Tag ist eine farbige Säule im Kern der Flasche zu sehen, der Rest der Flüssigkeit ist klar.

### Was passiert?

Beim Gefrieren verdrängt das Wasser alle anderen Bestandteile der Mischung, hier also die Farbstoffe. Da das Wasser in der Flasche von außen nach innen gefriert, ist der Farbstoff in die Mitte der Flasche geschoben worden.

### Variante

Das Experiment funktioniert genauso gut mit einem Fruchtsaftgetränk mit hohem Wasseranteil, z. B. beim Herstellen von selbstgemachtem Eis. Das Eis ist außen heller und schmeckt wässriger als innen.

# Magische Farbspiele

## Material

- 1 Paprika oder Möhre
- 1 Reibe
- 1 Schneidebrett, 1 Küchenmesser
- 2 Gläser
- 1 Kanne mit Wasser
- 1 langer Löffel
- Pflanzenöl, z. B. Rapsöl (farblos)

## Anleitung

Die Paprika oder Möhre feinraspeln und zwei Gläser zur Hälfte damit füllen.

Die Gläser mit Wasser auffüllen und gut verrühren.

In eines der Gläser zusätzlich etwas Pflanzenöl geben und umrühren.

## Was passiert?

Das Wasser mit dem Öl färbt sich rötlich bzw. orange. Ohne Öl verfärbt sich das Wasser trotz Möhre oder Paprika nicht. Warum ist das so?

Das Öl hat den fettlöslichen Farbstoff Carotin aus dem Gemüse gelöst. Dieser Farbstoff ist eine Vorstufe des Vitamins A und hilft dem Körper, freie Radikale abzuwehren. Er ist in vielen gelben, orangen oder roten Obst- und Gemüsesorten enthalten, z. B. auch in der Tomate. Ohne Fett kann unser Körper diese Vitaminvorstufe nicht aufnehmen. Oft wird deshalb empfohlen, zum Salat auch etwas Öl in die Soße zu geben. Das ist aber nicht notwendig, weil immer etwas Fett aus den vorherigen Mahlzeiten im Magen und Darm vorhanden ist.

# Der kleine Gärtner im. **Herbst**

*Auch wenn es allmählich kälter und ungemütlicher wird, gibt es im Herbst eine Menge im Garten zu entdecken und zu tun. Das bunte Laub lädt zum Spielen ein, Pilze schießen aus dem Boden und es kann reichlich Obst und Gemüse geerntet werden.*

## Ernten, ...

Wenn die Obstbäume voller Früchte hängen, haben die Kinder alle Hände voll zu tun, Äpfel und Birnen zu pflücken, Pflaumen von den Bäumen zu schütteln oder auch nur das Fallobst aufzusammeln. Auch Früchte, die nicht verzehrt werden können, werden entfernt, damit sie nicht Wespen anlocken oder Pflanzenkrankheiten hervorrufen. Bis Ende Oktober sollten alle Früchte abgeerntet sein. Auf dem Gemüsebeet finden sich jetzt z. B. Feldsalat und Fenchel, auch Kartoffeln und Kürbis können im Herbst geerntet werden, und manchmal reicht auch die Zucchiniernte bis in den Oktober. Wenn man einen Teil der reichen Ernte einlagern will, darf man Früchte und Gemüse nicht zusammen lagern, weil beim Nachreifen einiger Obstsorten ein Gas entsteht, das Gemüse schneller altern lässt. Am besten lagert man Obst und Gemüse in getrennten Holzkisten in dunklen, kühlen Räumen.

## ... aufräumen, ...

Während die Tage immer kühler werden und wir langsam unsere dicken Jacken aus dem Schrank holen, bereiten sich auch die Bäume und Sträucher auf die Kälte vor. Sie holen sich den Saft aus den Blättern in den Stamm und in die Wurzeln zurück, um Kraft für das nächste Jahr zu sammeln. Dadurch verfärben sich die Blätter so schön, bevor sie von den Bäumen fallen. Die bunten Blätter sind ein Sinnbild des Herbstes und eignen sich hervorragend zum Basteln, Pressen und um Blättersträußchen daraus zu binden. Das heruntergefallene Laub sollte ruhig auf den Beeten liegen bleiben, denn es schützt Pflanzen und Tiere vor der Kälte.

## ... überwintern ...

Denn allmählich suchen sich auch die ersten Tiere wie Käfer, Schmetterlinge, Wildbienen und Spitzmäuse ihre Winterquartiere. Für sie sind Laubhaufen auf den Beeten ideale Verstecke. Der Igel freut sich ganz besonders über einen Haufen aus Zweigen und viel Laub, um sich dort vor dem kalten Winter zu verkriechen.

Kübel mit Duftpflanzen, Blumen oder Kräutern sollten jetzt in den Kindergarten geholt werden, damit sie im Winter nicht erfrieren und im Frühjahr wieder schön austreiben können. Ältere Kinder können vorsichtig die alten Blätter abstreifen und die Pflanzen mit der Schere zurückschneiden. Vielleicht möchten die Kinder Schilder für die Pflanzen basteln, damit man auch ohne Blüte weiß, wen man den Winter über beherbergt. Die Töpfe sollten dann dunkel und kühl gelagert werden, bis sie im Frühjahr wieder ins Helle geholt werden.

## ... und pflanzen.

Im Herbst und Winter lohnt es sich auch, schon an das nächste Jahr zu denken. An frostfreien Tagen können im Herbst bis in den Winter hinein Obstbäume und Beerensträucher gepflanzt werden. Herbstpflanzungen haben den Vorteil, dass sie weniger gegossen werden müssen als eine Frühjahrspflanzung und dass sie im folgenden Jahr schon mehr Früchte tragen.

Und es kann nun wieder Gemüse ausgesät werden: Karotten, Petersilie und Spinat überwintern im Boden und wachsen etwa ab März. Sie sind früher erntereif als im Frühjahr ausgesätes Gemüse. Allerdings sollten die Kinder dieses Beet den Winter über mit einem Vlies abdecken.

# Kartoffeln lagern

## Material
- Kartoffeln
- 1 Karton oder Schachtel

An einem kleinen Experiment können die Kinder gut erkennen, weshalb Kartoffeln dunkel gelagert werden müssen. Sie legen eine Kartoffel auf die Fensterbank, eine andere in einen Karton oder in eine Schachtel. Nach etwa neun Tagen hat sich die Fensterkartoffel grün verfärbt, während die Schachtelkartoffel wie vorher aussieht. Die grünen Stellen sind giftig und können nicht mehr gegessen werden. Damit dies nicht geschieht, müssen Kartoffeln immer dunkel gelagert werden.

# Winter

Der bunte Herbst verblasst mehr und mehr, die Tage werden immer kürzer, aber erst mit der längsten Nacht des Jahres, der Wintersonnenwende vom 21. auf den 22. Dezember, beginnt nach dem Kalender der Winter. Er bringt uns Kälte und Dunkelheit ebenso wie viele gemütliche Tage im Haus. Mit etwas Glück verwandelt sich der Regen in Schnee, und die Kinder können Schneemänner bauen und sich wilde Schneeballschlachten liefern. Aber auch ein Frost ohne Schnee kann zum Toben locken: Wie schön ist das Krachen des Eises, wenn man auf gefrorene Pfützen springt! Und so, wie sich Pflanzen und Tiere in den Winterschlaf zurückgezogen haben, bleiben wir Menschen gern im Haus und genießen die gemütlichen Stunden der Wintertage. Jetzt ist viel Zeit, um miteinander zu spielen, zu basteln und zu kochen. Und es ist Zeit, sich gemeinsam an das vergangene Jahr zu erinnern und Rückschau zu halten auf große und kleine Ereignisse, die uns wichtig waren und in Erinnerung geblieben sind: Welcher Ausflug hat am meisten Spaß gemacht? Welche Blumen haben wir zuerst entdeckt? Welches Fest hat uns besonders gut gefallen?

Zur Gemütlichkeit gehören natürlich auch ein paar winterliche Süßigkeiten wie Kekse und Bratäpfel, deren Duft allein uns schon an die Weihnachtszeit erinnert. Denn jede Zeit hat ihre besonderen Düfte, und im Winter sind es vor allem die Gewürze und Aromen, die uns in eine weihnachtliche Stimmung versetzen.

Natürlich ist die Winterzeit ganz eng mit Weihnachten verbunden. Schon lange vorher fiebern die Kinder dem Fest entgegen, und auch lange danach sind sie noch ganz aufgeregt. Weihnachten ist auch eine Gelegenheit, mit kleinen Geschenken zu zeigen, dass man an jemanden gedacht hat, der einem lieb und wichtig ist. Für die Kinder ist es beglückend, wenn sie in der Weihnachtszeit auch etwas verschenken können, am besten etwas Selbstgemachtes – zum Beispiel eine kleine Leckerei, die sie im Kindergarten gemacht haben.

# Lebensmittel entdecken im **Winter**

Für die meisten Pflanzen ist der Herbst Erntezeit, aber nicht für alle. So brauchen manche Kohlsorten den ersten Frost, damit sie richtig gut schmecken. Wer einmal mit den Kindern einen Ausflug auf die nahe gelegenen Felder macht, findet auch im Winter noch erstaunlich viel dort, vorausgesetzt der Bauer baut z. B. Rosenkohl, Grünkohl, Weißkohl oder Steckrübe an.

## Winter-Ausflug

### Material

- Feste Schuhe
- Warme Jacken
- Wärmende Getränke (→ „Kinderpunsch"
  S. 106)
- Abbildungen von Wintergemüsesorten wie
  Rosenkohl, Grünkohl, Weißkohl oder
  Steckrübe

### Vorbereitung

Am besten sehen sich die Kinder die einzelnen Gemüsesorten vorher im Kindergarten an, damit sie sie auf dem Feld wiedererkennen.

### TIPP

Der Ausflug sollte im Vorfeld mit einem Bauern abgesprochen werden. Vielleicht dürfen die Kinder dann auch etwas vom Feld mitnehmen, was sie gemeinsam im Kindergarten verarbeiten können. Hierfür eignet sich Kohl, aus dem sich ein leckerer Weißkohlsalat (→ S. 126) oder Kohlsuppe zubereiten lässt.

# Weißkohlsalat mit Weintrauben

## Zutaten (4–6 Portionen)

| | |
|---|---|
| 400 g | Weißkohl |
| 200 g | Weintrauben ohne Kerne |
| 100 g | saure Sahne |
| 1 | kleines Bund Estragon |
| 1 | Zwiebel |
| 1–2 EL | Weißweinessig |
| 1 EL | gehackte Walnüsse |
| ½ TL | körnige Gemüsebrühe |
| ½ TL | gemahlener Kümmel |
| | Zitronensaft |
| | Birnendicksaft oder Honig |
| | Salz |
| | Pfeffer |

## Zubereitung

Den Weißkohl putzen, in Stücke schneiden und feinraspeln.

Den Kohl in eine Schale geben, mit Salz und der körnigen Brühe bestreuen und so lange kräftig kneten, bis er schön weich ist.

Den Estragon waschen, trocknen und feinhacken.

Aus saurer Sahne, Kümmel, Essig, Zitronensaft, Birnendicksaft (oder Honig) und Pfeffer ein Dressing herstellen.

Den Estragon unterrühren.

Die Weintrauben waschen und halbieren.

Die Zwiebel schälen und in feine Würfel schneiden.

Weintrauben und Zwiebel mit den gehackten Nüssen unter den Weißkohl mischen. Vorsichtig mit dem Dressing verrühren und gut durchziehen lassen.

# Bunter Gemüsetopf

## Zutaten (4 Portionen)

| | |
|---|---|
| 1½ l | Wasser |
| 200 g | Weißkohl |
| 150 g | Suppennudeln oder Reis |
| 5 | Kartoffeln |
| 3 | Möhren |
| 2 | Stangen Lauch |
| 2 | Kohlrabi |
| 2 EL | Tomatenmark |
| 2 EL | Rapsöl |
| | Evtl. Sojasoße |
| 1 Bund | frische Kräuter |
| | (oder tiefgekühlte) |
| | Salz, Pfeffer |

## Zubereitung

Den Lauch waschen und in Streifen schneiden.
Die Möhren und Kartoffeln waschen, schälen und
in Würfel schneiden.
Den Kohl waschen und in Würfel schneiden.
Den Kohlrabi schälen und in Würfel schneiden.
Das Öl in einem Topf erhitzen.
Den Lauch, das Tomatenmark und die Möhren an-
braten.
1,5 l Wasser dazugießen und aufkochen lassen.
Mit Salz und Pfeffer leicht würzen.
Das restliche Gemüse dazugeben und alles für wei-
tere 15 Minuten köcheln lassen.
Zum Schluss die Nudeln oder den Reis in die Suppe
geben, nach Packungsanleitung in der Suppe garen.
Vor dem Servieren die Kräuter in die Suppe rühren
und eventuell mit der Sojasoße abschmecken.

### Varianten
Einzelne Gemüsesorten können je nach Saison ausgetauscht oder auch weggelassen werden.

## Märchen-Rätsel

*Manche Tage im Winter bleiben grau und unge-
mütlich. Das ist genau die richtige Zeit, um es sich
mit den Kindern im Gruppenraum gemütlich zu
machen, Kerzen anzuzünden und Geschichten zu
erzählen.*

**Material
(je nach den vorgestellten Märchen)**

- Evtl. Erbsen, Bohnen, Linsen
- Salat (z. B. Feldsalat bzw. Rapunzel)
- Brot, Pfefferkuchen
- Apfel
- Gewürze, Kräuter o. Ä.

- Sack oder Schale
- Evtl. Zimtstangen und Rosinen

In Märchen und Geschichten spielen Lebensmittel häufig eine wichtige Rolle, z. B.:

- Hänsel und Gretel (Pfefferkuchen und Brotkrumen),
- Prinzessin auf der Erbse (Erbsen),
- Aschenputtel (Linsen und Bohnen),
- Rapunzel (Rapunzel- bzw. Feldsalat),
- Schneewittchen (Apfel),
- Sindbad der Seefahrer (Gewürze, Kräuter),
- oder das Märchen vom Schlaraffenland (verschiedene Speisen, die die Kinder besonders gerne mögen).

Erraten die Kinder, um welches Märchen es sich handelt, wenn sie nur das entsprechende Lebensmittel sehen?

## Anleitung

Die Spielleitung bereitet einen Sack oder eine Schale mit Lebensmitteln vor.

Ein Kind zieht aus dem vorbereiteten Sack ein Lebensmittel oder nimmt es aus der Schale.

Gemeinsam versuchen die Kinder nun herauszufinden, um welches Märchen es sich handelt.

Wer es zuerst errät, darf die Geschichte dazu erzählen.

## Variante

Die Kinder denken sich zu einer Auswahl von Lebensmitteln eine eigene Geschichte aus. Aus Zimtstangen und Rosinen könnte etwa folgende Geschichte entstehen:

„Ein Mann kam an ein Haus, aus dem es herrlich nach Zimt roch (Zimtstange herumreichen). Und weil er großen Hunger hatte, ging er in das Haus. Dort saß eine alte Frau und aß Milchreis mit Zimt und Rosinen (Rosinen probieren lassen, wer mag). Die Frau lud den Mann ein, mitzuessen. Während des Essens kamen die beiden ins Erzählen …"

Die Kinder werden auf die abenteuerlichsten Geschichten kommen!

# Detektivarbeit: „Nüsse knacken"

*Lebensmittel sind für Kinder interessant, wenn sie sie mit all ihren Sinnen erkunden dürfen: Kinder möchten Lebensmittel sehen, riechen, tasten und natürlich auch schmecken. Dazu passt das Spiel „Nüsse knacken", bei dem die Kinder herausfinden müssen, welche Schale zu welcher Nuss oder welchem Samen gehört.*

## Material / Zutaten

- 1 großes Tablett
- Nüsse (Haselnüsse, Walnüsse, Pecannüsse, Muskatnuss etc.)
- Samen (Kürbiskerne, Sonnenblumenkerne etc.)
- Evtl. Gewürze (z. B. Zimt, Nelken, Wacholderbeeren, Pfeffer, Sternanis)
- Evtl. Blumige Duftsäckchen (➜ S. 111)

## Vorbereitung

Eine Auswahl an Nüssen und Samen auf das Tablett legen, einige davon knacken. Die Kinder sollen sowohl die ganze Frucht als auch die Schale und das Innere sehen können.

## Anleitung

Die geschälten mit den noch geschlossenen Nüssen und Samen vermischen und das vorbereitete Tablett den Kindern im Stuhlkreis zeigen. Finden die Kinder heraus, was zusammengehört?

- Wer kennt die Namen der Nüsse?
- Wer weiß, wo und wie sie wachsen?
- Wer kennt Rezepte mit Nüssen?
- Wer weiß, woher die Samen kommen?

Wenn die Kinder alles herausgefunden haben, können die Nüsse gemeinsam geknabbert werden (Achtung bei Allergikern!). Vielleicht erzählt jemand noch eine schöne Geschichte. Wie wäre es zum Beispiel mit der Geschichte vom Nussknacker?

## Variante

Statt Nüssen können auch Gewürze auf dem Tablett verteilt werden. Das Erraten verschiedener Gewürze wie Zimt, Nelken, Wacholderbeeren, Pfeffer oder Sternanis erfordert eine feine Nase. Dazu werden die unzerkleinerten Gewürze auf ein Tablett gelegt und kleine Duftsäckchen, die die jeweiligen Gewürze in gemahlener Form enthalten. Nun gilt es, die zusammengehörenden Paare zu entdecken und den Namen der Gewürze herauszufinden.

# Walnussschalenschiffchen

*Aus halben Walnussschalen können die Kinder kleine, schwimmende Kerzen und Schiffchen herstellen.*

## Material

- Halbe Walnussschalen
- Teelichter ohne Gehäuse
- Schüssel mit Wasser
- Evtl. Zahnstocher
- Evtl. buntes Papier

## Anleitung

Die Kinder nehmen das Wachs und den Docht aus einem Teelicht und drücken diese in die Schalen. Das Walnussschalenschiffchen lassen die Kinder in einer Schüssel mit Wasser schwimmen oder an einem eisfreien Tag auch draußen in einer Pfütze oder einem Bach.

## Variante

Wer möchte, kann den Docht durch einen Zahnstocher ersetzen und aus buntem Papier ein Segel basteln. So entsteht ein kleines Segelboot.

# Entspannen und Genießen lernen

## Die Reise ins Schokoladenland

*Genießen ist keine Selbstverständlichkeit und muss geübt werden. Das schult die Sinne und hilft den Kindern, sich später bewusst und gesund zu ernähren. Welche Zeit bietet sich dafür besser an als die Weihnachtszeit? Die Kinder werden oftmals mit Süßigkeiten überhäuft und manchmal essen sie davon mehr und schneller, als ihnen guttut. Daher bietet es sich an, das Genießen einer Süßigkeit, die alle Kinder gerne mögen, einmal ganz bewusst zu üben: mit einem Stück Schokolade!*

### Material / Zutaten

- 1 Stück Schokolade pro Kind
- Bunte Servietten
- Evtl. Schälchen mit frischer Vanille, gehackten Nüssen und Kakaopulver

### Anleitung

Alle Kinder setzen sich im Kreis auf den Boden und schließen die Augen.

Die Spielleitung erzählt eine Geschichte (z. B. die Geschichte „Königliche Schokolade", ➜ S. 136), in der es um Schokolade geht.

Sie kann dazu den Kindern Schälchen mit frischer Vanille, gehackten Nüssen und Kakaopulver unter die Nase halten.

Wichtig ist allerdings, dass die Kinder die ganze Zeit versuchen, die Augen geschlossen zu halten,

## Königliche Schokolade

Es war einmal ein Mann, zu dem kamen die Menschen von weit her, weil er die beste Schokolade weit und breit herstellen konnte. Manche sagten, es sei die beste der Welt. Könige und Fürsten schickten ihre Bediensteten zu ihm, um seine Schokolade zu holen. Und weil sie bereit waren, dafür viel Geld zu bezahlen, kamen ihre Bediensteten manchmal in die Versuchung, das Geld für sich zu behalten und ihren Herren irgendwelche Schokolade aus der nächsten Stadt mitzubringen. Diese Spitzbuben!

Damit das nicht vorkam und weil die Könige und Fürsten sichergehen wollten, dass sie auch die beste Schokolade der Welt in Händen hielten, rochen sie zuerst ganz lange und ausgiebig daran. Mhm, wie das duftete! Dann legten sie sich ein Stückchen auf die Zunge und ließen es langsam, ganz langsam schmelzen. Mhm, wie das schmeckte! Und sobald sich der köstliche Geschmack allmählich immer mehr im gesamten Mund ausbreitete, konnten sie sicher sein, die beste aller Schokoladen bekommen zu haben.

um sich auf das Erzählte und die Gerüche konzentrieren zu können.

Während sie die Geschichte erzählt, breitet die Spielleitung vor jedem Kind eine Serviette aus und legt darauf ein Stück Schokolade.

Sobald sie damit fertig ist, dürfen die Kinder ihre Augen öffnen.

Sie nehmen die Schokolade nun in die Hand und betrachten und ertasten sie, und vor allem riechen sie daran.

Die Kinder dürfen dann ein kleines Stück von der Schokolade abbeißen.

Sie sollen sich dabei darauf konzentrieren, wie und wo sich der köstliche Geschmack langsam im Mund ausbreitet.

Schmeckt sie überall auf der Zunge gleich?

Dann stecken sie auch den Rest in den Mund, wobei die Schokolade nur gelutscht und nicht gekaut werden darf.

Wenn alle Kinder ihr Stück genossen haben, beschreiben sie, ob ihnen die Schokolade so langsam genossen anders geschmeckt hat als sonst oder vielleicht sogar besser.

# Der Höhepunkt im **Winter**: Weihnachtsfreuden

Wie kaum ein anderes Fest wirft Weihnachten seine Schatten weit voraus. Schon lange vor den Feiertagen begegnet uns in der Adventszeit weihnachtliche Dekoration, und unsere Gedanken kreisen um dieses wichtige und große Fest zum Ende des Jahres.

Natürlich feiern die Kinder den Heiligen Abend und die Tage danach zuhause, aber die lange Zeit der Vorfreude und der Vorbereitungen lässt sich gemeinsam im Kindergarten schön erleben.

Der Adventskranz begleitet mit seinen vier Kerzen die Adventssonntage. Mit dem Entzünden der ersten und jeder weiteren Kerze wird angezeigt, wie nahe wir dem Fest sind. In manchen Kindergärten wird eine Krippe aufgestellt, die Tag für Tag ein bisschen vervollständigt wird, bis schließlich kurz vor Weihnachten das Kind in der Krippe liegt.

Und nach dem Michaels- und dem Martinsfest erwarten die Kinder vor allem den Nikolaustag am 6. Dezember voller Spannung, weil es dann die ersten Geschenke gibt.

## Nikolaus

Ursprünglich bekamen die Kinder zum Nikolaustag vor allem Äpfel, Nüsse und Mandelkerne geschenkt. Heute enthalten Nikolausstiefel und bunte Teller mehr Süßigkeiten als gesunde Naschereien. Leckere Alternativen zu den süßen Sachen sind Nüsse (Achtung bei Allergikern!), Samen, frisches Obst oder Dörrobst. Bei Zitrusfrüchten empfiehlt es sich, Bio-Früchte zu wählen. Ansonsten sollte man sie besser auf einen getrennten Teller legen, damit sich mögliche Rückstände von Pflanzenschutzmitteln nicht von der Schale auf andere Lebensmittel übertragen. Die Kinder waschen sich nach dem Schälen dann möglichst immer die Hände.

Der Nikolausbrauch ist vor vielen hundert Jahren entstanden und geht auf den heiligen Nikolaus von Myra zurück, der in Kleinasien lebte. Myra war eine antike Stadt in Lykien. Der Ort heißt heute Demre (früher Kale, das türkische Wort für Festung) und liegt in der Provinz Antalya.

Nikolaus erbte von seinen Eltern ein Vermögen, das er nicht für sich behalten, sondern mit denen teilen wollte, die bedürftig sind. Eines Tages erfuhr er, dass eine Familie in seiner Nachbarschaft große Not hatte. Um nicht erkannt zu werden, schlich er in der Dunkelheit zu ihrem Haus und warf Goldklumpen durch das offene Fenster. So wie dieser Familie half er vielen und linderte ihre Not. Später wurde er wegen seiner Großzügigkeit und seines Bemühens um Gerechtigkeit zum Bischof der Stadt Myra ernannt.

Nach dieser Legende kommt Nikolaus auch heute noch jedes Jahr an seinem Namenstag zu den Menschen. Er besucht die Kinder und bringt ihnen Geschenke. Ganz unerkannt tut er das, wenn sie in ihre blank geputzten Schuhe legt. Manche Kinder möchten dem Heiligen auch eine Freude machen und legen seinem Pferd etwas Heu oder Hafer vor die Tür, schreiben ihm einen Brief oder malen ihm ein Bild.

Es gehört auch zur Vorweihnachtszeit, dass wir Kekse und Weihnachtsplätzchen backen, dass bunte Teller in der Wohnung stehen und dass uns vieles zum Naschen einlädt. Ein paar gesunde Nschereien können ruhig dabei sein: Köstlich sind z. B. Fruchtkugeln aus Dörrobst (➜ S. 98), Vanillekipferln (➜ S. 142) aus Vollkornmehl oder nussige Knusperrauten (➜ S. 140), die einen bunten Teller bereichern. Die Kinder können diese Leckereien mit etwas Anleitung gut selbermachen und haben so gleich ein paar kleine selbstgemachte Geschenke. Wer noch mehr zubereiten möchte, kann sich an den Senf, die eingelegten Zitrusfrüchte oder das Duftpotpourri machen – das sind ganz persönliche und besondere Geschenke, die gar nicht so schwer herzustellen sind.

# Knusperrauten

### Zutaten (ca. 24 Stück)

| | |
|---|---|
| 150 g | Weizenvollkornmehl (evtl. mit Dinkelmehl mischen) |
| 100 g | Haferflocken |
| 100 g | Kokosraspel |
| 100 g | gehackte Mandeln |
| 100 g | Honig |
| 60 g | ungehärtete Margarine |
| 60 ml | Wasser |
| 6 | getrocknete Aprikosen |
| 4 EL | Sesam |
| | Backpapier |

### Zubereitung

Die Margarine in einem kleinen Topf leicht erhitzen und flüssig werden lassen.

Den Backofen auf 180 °C vorheizen.

Ein Backblech mit Backpapier auslegen.

Die Aprikosen kleinschneiden und zusammen mit Haferflocken, Mehl, Kokosraspel, Mandeln und Honig mit den Knethaken des Handrührgeräts gut vermischen.

Eventuell etwas Wasser hinzugeben, falls der Teig zu bröckelig ist.

Die Müslimasse dünn (ca. 1 cm) auf einem Backblech ausrollen, Sesam darüber streuen und mit der Teigrolle festdrücken.

Den Teig auf dem Blech in rautenförmige Stücke schneiden, in den Backofen schieben und auf der mittleren Schiene ca. 10 bis 15 Minuten backen, bis die Rauten goldbraun sind.

## Vollkorn-Vanillekipferl

### Zutaten (20–30 Stück)

| | |
|---|---|
| 150 g | Vollkornmehl |
| 150 g | Dinkelmehl oder Weizenmehl Type 550 |
| 100 g | Zucker oder Puderzucker |
| 50 g | gemahlene Mandeln |
| 50 g | gemahlene Haselnüsse |
| 5 Päckchen | Vanillezucker |
| 2 | Eigelb |
| 1 Prise | Salz |
| | Backpapier |
| ½ Tasse | Puderzucker |

### TIPP

Vanillezucker lässt sich leicht selber herstellen, indem Sie eine ausgekratzte Vanilleschote mit dem Vanillemark in ein Gefäß mit normalem Zucker geben und es fest verschließen. Nach etwa zwei Wochen kann der Zucker als Vanillezucker verwendet werden.

### Zubereitung

Das Mehl mit Eigelb, Zucker, Salz, Mandeln und Haselnüssen zu einem Mürbeteig vermischen und kurz durchkneten.

Den Teig für 30 Minuten in den Kühlschrank stellen.

Den Backofen auf 175 °C (Umluft) vorheizen.

Nach der Ruhezeit den Teig auf einer bemehlten Arbeitsfläche zu fingerdicken Rollen formen und ca. 5 cm lange Stücke abschneiden.

Aus den Stücken kleine Hörnchen formen und auf ein mit Backpapier ausgelegtes Backblech legen.

Die Vanillekipferl im Backofen etwa 10 bis 15 Minuten goldgelb backen.

Die noch warmen Kipferl vorsichtig in der Puderzucker-Vanillezucker-Mischung wenden.

# Senf nach Art des Hauses

## Zutaten (für ca. 800 g)

| | |
|---|---|
| 750 ml | Weißweinessig |
| 250 g | gelbes Senfmehl |
| 250 g | braunes oder schwarzes Senf-mehl |
| 5 | Schalotten (milder sind 3 kleine Zwiebeln) |
| 2 | Bio-Zitronen |
| 2 EL | flüssiger Blütenhonig |
| 2 EL | gehackter Estragon |
| 2 TL | Salz |
| 1–2 | Knoblauchzehen, im Mörser mit etwas Salz zerstoßen |
| 1 TL | Pfeffer, frisch gemahlen |
| Je 1 Prise | Nelken, Zimt und Muskatnuss, frisch gemahlen |
| ½ EL | frisch geriebener Meerrettich |

## Zubereitung

Die Zitronen auspressen, den Saft mit dem Essig und dem Senfmehl in einer Glasschale vermischen und bei Zimmertemperatur quellen lassen.

Die Mischung sollte mindestens sieben Stunden durchziehen, denn die Schärfe des Senföls wirkt konservierend.

Die Schalotten oder Zwiebeln feinhacken, den Knoblauch pressen und mit den Gewürzen, dem Honig und dem Meerrettich unter die Senfmehlmasse rühren.

Den Senf in sterile Gläser füllen.

Vor dem Verzehr ca. zwei Wochen im Kühlschrank durchziehen lassen.

Der Senf hält sich dunkel und kühl gelagert etwa zwei bis drei Monate. Anfangs ist er noch ein wenig scharf, aber nach drei bis vier Wochen wird er milder.

## TIPP

Der Senf passt hervorragend zu kaltem Braten oder Schinken oder als Würzung von Salatdressings, und er ist eine gute Grundlage für andere Senfsorten.

# Eingelegte Zitrusfrüchte

**Zutaten (ca. 5 Gläser à 200 ml)**

| | |
|---|---|
| 300 ml | Olivenöl |
| 10 | Bio-Kumquats |
| 2 | Bio-Limetten |
| 2 | Bio-Zitronen |
| 2 | Bio-Orangen |
| 60 g | grobes Salz |
| ½ EL | Pfefferkörner (gemischt oder rosa) |
| | Einige Zweige Zitronenthymian und Rosmarin |

## Zubereitung

Die Zitrusfrüchte heiß abwaschen und gut abtrocknen.

Die Limetten, Orangen und Zitronen in ca. 4 mm dicke Scheiben schneiden.

**TIPP**

Die Früchte müssen immer mit Olivenöl bedeckt sein, ggf. muss etwas Öl nachgegossen werden.

Die Kumquats entweder halbieren oder in Scheiben schneiden.

Die vorbereiteten Früchte in ein hohes Gefäß schichten und dabei jede Schicht mit grobem Salz bestreuen.

Am Ende das Gefäß mit Frischhaltefolie abdecken und über Nacht durchziehen lassen.

Am nächsten Tag die Zitrusfrüchte in ein Sieb geben und gut abtropfen lassen.

Die Früchte auf ein mit Küchenkrepp ausgelegtes Tablett geben, gut abtupfen und in vorbereitete Gläser schichten.

Zitronenthymian und Rosmarin gründlich abspülen und trockentupfen.

Das Olivenöl mit den Pfefferkörnern, dem Thymian und dem Rosmarin vermischen.

Eventuell Rosmarin in kleinere Stücke schneiden.

Das Öl-Kräutergemisch über die Zitrusfrüchte gießen.

Die Gläser mit Frischhaltefolie abdecken, dunkel und kühl lagern.

Nach etwa zehn Tagen sind die Zitrusfrüchte gut durchgezogen und können zu Fleisch und Fisch serviert werden. Das Olivenöl eignet sich z. B. für die Herstellung von Salatdressings.

## Anleitung

Orangen und Zitronen in sehr dünne Scheiben schneiden, auf einem Backblech verteilen und im Ofen bei 100 °C Ober- und Unterhitze etwa zweieinhalb Stunden trocknen lassen.

Die Ofentür dabei einen Spaltweit geöffnet lassen, damit die Feuchtigkeit entweichen kann, z. B. mit einem in die Ofentür geklemmten Holzkochlöffel. Nach etwa zweieinhalb Stunden sind die Obstscheiben getrocknet und können z. B. als Dekoration im Adventskranz verwendet werden.

Oder man füllt sie in kleine Tütchen aus Zellophan und verschenkt sie als weihnachtliches Potpourri.

In die Tüten kann man noch Zimtstangen, Sternanis, Nelken und Tannenzweigspitzen oder Tannenzapfen geben und sie mit einem schönen Schleifenband verschließen.

# Weihnachtliches Potpourri

## Material

- 3–4 Orangen
- 3–4 Zitronen
- Zimtstangen
- Sternanis
- Nelken
- Einige Tannenzapfen oder Tannenzweige
- Evtl. kleine Zellophantüten, Schleifenband

# Lebensmittel-Forscher im **Winter**

## Einladung zum Teestündchen

### Material

- Verschiedene Teesorten, z. B. Kamille, Brombeer- oder Himbeerblätter, Zitronenmelisse, Zitronenverbene, Rotbusch, Pfefferminz, Anis oder Fenchel
- Schälchen
- Teesieb (oder Papierfilter)
- Gläser
- Teelöffel
- Teekannen (möglichst durchsichtig)

### Anleitung

Jede Teesorte in ein eigenes Schälchen schütten und mit den Kindern untersuchen. Dabei stellen sich die Kinder gegenseitig Fragen, z. B.:

- Wie riecht der Tee?
- Wie fühlt er sich an?
- Wie sieht er aus?

Aus einigen Teesorten Tee in Kannen zubereiten und auf den Tisch stellen.

Die Kinder versuchen, die Inhalte der Schälchen dem Tee in den Kannen zuzuordnen.

Anschließend probieren die Kinder einzelne Tees, mischen sie und finden so vielleicht ihre Lieblingssorte heraus.

# Die Quellkraft des Wassers

## Material

- Getrocknete Erbsen
- 1 kleines Glas
- Wasser
- 1 Blechdeckel
- Evtl. getrocknete Bohnen oder Linsen

## Anleitung

Die getrockneten Erbsen in ein Glas schütten, bis es ganz voll ist, und das Glas mit Wasser auffüllen. Jetzt ist Geduld gefragt, denn die Erbsen müssen zwei bis drei Stunden quellen.

Die Kinder schauen zwischendurch immer wieder, wie viel Wasser noch im Glas ist und ob die Erbsen größer geworden sind.

Nach einiger Zeit ist kaum noch Wasser im Glas, und die Erbsen sind so groß geworden, dass die obersten aus dem Glas über den Rand fallen.

## Was passiert?

Das Wasser ist in die Erbsen eingedrungen und lässt sie aufquellen. Sie werden größer und nehmen immer mehr Platz ein, weshalb die obersten aus dem Glas fallen. Das Wasser verschwindet zunehmend, weil es von den Erbsen aufgesaugt wird.

Ein ähnliches Prinzip sorgt dafür, dass Ballaststoffe im Getreide aufquellen, den Nah-rungsbrei größer werden lassen und so für einen schnelleren Transport im Darm sorgen. Deshalb sollte man auch zu Mahlzeiten immer etwas trin-ken.

## Variante

Den gleichen Effekt erzielen die Kinder auch mit Bohnen oder Linsen.

# Der kleine Gärtner im **Winter**

## Versorgen ...

Ab Dezember sehen wir im Garten kaum noch Pflanzen, die ihren Kopf aus der Erde stecken. Viele Tiere haben sich verkrochen und halten Winterschlaf, aber nicht alle: Im Garten lassen sich die Vögel bei der Nahrungssuche beobachten, und wenn es allzu kalt ist, schadet es nicht, ihnen dabei etwas zu helfen. Den Vögeln können wir ein Futterhäuschen mit Körnern bereitstellen, vielleicht wollen die Kinder unter Anleitung sogar eines selber bauen? Jeder darf abwechselnd eine Hand voll Körner hineinlegen. Wenn sie das Vogelhäuschen gut platziert und etwas Glück haben, können sie vom Fenster aus den einen oder anderen Vogel beobachten, wie er die Körner pickt.

## ... verwandeln ...

Büsche, Bäume oder Hecken im Garten sollten zurückgeschnitten werden. Zum 4. Dezember, dem Namenstag der heiligen Barbara, können wir uns einige Zweige in den Kindergarten holen. Traditionell sind es Kirschzweige, ebenso können es aber auch Apfel-, Haselnuss- oder Holunderzweige, Forsythie, Birke, roter Hartriegel o. Ä. sein. Die Zweige schneiden wir am 4. Dezember und stellen sie in die Vase. Blühen sie zu Weihnachten auf, ist dies der Legende nach ein gutes Zeichen für die Zukunft.

## ... verwahren ...

Ist der Garten soweit winterfest, werden auch die Gartengeräte in die wohlverdiente Winterpause gebracht. Vorher sollten die Kinder sie entrosten und einölen. Vielleicht müssen auch notwendige Reparaturen vorgenommen werden, damit sie im nächsten Jahr wieder einsatzbereit sind. Eingelagerte Vorräte wie Äpfel, Nüsse o. Ä. vom Herbst dürfen nicht vergessen werden. Die Kinder schauen regelmäßig nach, damit nichts faul oder schimmelig geworden ist. Das gelagerte Obst und Gemüse muss ab und zu gewendet

werden, damit keine Druckstellen entstehen. Verdorbene Früchte müssen gleich entfernt werden, sonst stecken sie die anderen an.

## ... und vorbereiten.

Schon im Februar entdecken wir, wenn wir genau hinschauen, bereits die ersten Knospen und zarten Blättchen der Frühjahrsboten. Als frühe Pflanzen sind Schneeglöckchen, Krokusse und Weidenkätzchen zu sehen, die den herannahenden Frühling ankündigen. Zum Pflanzen ist es draußen noch zu kalt, der Boden noch zu hart. Aber einige Kräuter und Gemüse kann man schon im warmen Zimmer vorziehen (➜ „Der kleine Gärtner im Frühling" S. 47).

# So dünn wie eine Bohnenstange

*Sehr gut und eindrucksvoll gelingt das Vorziehen von Pflanzen, die im Frühjahr ins Freie gesetzt werden, mit Hülsenfrüchten wie Bohnen, z. B. den übriggebliebenen aus dem vorherigen Experiment (→ S. 148).*

## Material

- 1 Blumentopf
- Kleine Tonscherben
- Etwas Erde
- 1 getrocknete Bohne (oder Erbse)
- 1 Stöckchen, etwas Schnur

## Anleitung

Über das Loch auf dem Boden des Blumentopfes legen die Kinder Tonscherben, damit sich das Gießwasser nicht stauen kann.

Dann füllen sie den Topf mit Erde, drücken eine Bohne etwas hinein, bedecken sie mit Erde und gießen sie ein wenig.

Die Bohne sollte nur wenig bedeckt sein, sonst kann sie nicht gut keimen.

Eine alte Gärtnerregel sagt: „Bohnen nur so tief in die Erde legen, dass sie die Kirchenglocken noch läuten hören."

## Was passiert?

Schon nach kurzer Zeit wächst ein dünner Bohnenstengel aus der Erde, der bald mit einem Stöckchen und etwas Schnur gestützt werden muss. Bei diesem Anblick versteht jeder, warum lange dünne Menschen gern mit Bohnenstangen verglichen werden.

An einem hellen, sonnigen Ort wächst die Bohne schnell und kann im späten Frühling in den Garten gesetzt werden. Sind die Bohnen reif zum Ernten, können sie als Suppe oder Beilage verarbeitet oder getrocknet werden, um wieder neue Bohnen zu ziehen.

## VORSICHT!

Rohe Bohnen enthalten ein Lebensmittelgift, das erst nach zehn Minuten Kochen zerstört wird. Sie gehören daher nicht ungekocht in den Kindermund!

# Bohnenstengel auf Irrwegen

### Material

- Junge, rankenbildende Bohnenpflanzen
- Schnur, Schere

### Anleitung

Bohnenpflanzen wachsen schnell in die Höhe und benötigen einen Stock als Rankhilfe.

Wenn die Kinder die rankenden Bohnen über einen längeren Zeitraum gut beobachten, sehen sie, dass sich die Bohnen immer links um das Stöckchen drehen, also gegen den Uhrzeigersinn.

Schaffen sie es, die Bohne andersherum wachsen zu lassen?

Dazu entwinden sie vorsichtig die Bohnenranke, wickeln sie rechts um das Stöckchen (im Uhrzeigersinn) und binden die Ranke mit einer Schnur fest.

**Was passiert?**

Schon nach kurzer Zeit beobachten die Kinder, dass die Bohne nun nicht mehr entlang des Stöckchens nach oben wächst, sondern nach unten ausweicht. So versucht sie, der „verkehrten" Richtung zu entgehen und wieder ihre natürliche linke Wuchsrichtung einzunehmen. Diese Richtung sollte man ihr nach einer Weile auch wieder gewähren.

# Sprossen – Gesundes von der Fensterbank

*Vitamine pur lassen sich auch im Winter frisch ernten. Ein kleiner Sprossengarten aus dem Glas ist kinderleicht zu ziehen und sorgt für frisches Grün auf dem Käse- oder Wurstbrot oder gibt den Kartoffeln Pfiff.*

## Material

- 1 Glas mit großer Öffnung
- Verschiedene Samen (z. B. Alfalfa, Mungobohnen und Rotklee)
- Papiertaschentücher oder Küchenpapier
- 1 Esslöffel

## Anleitung

Die Kinder füllen das Glas mit einem Esslöffel Samen und bedecken sie mit etwas Wasser.

Über Nacht stellen sie das Glas in den Kühlschrank, damit sich die Samen voll Wasser saugen können, ohne mit Keimen belastet zu werden.

Am nächsten Tag gießen die Kinder das Wasser sorgfältig ab, legen auf die Glasöffnung ein mehrmals gefaltetes, nasses Papiertuch und stellen das Glas an einen kühlen, dunklen Ort.

Die nächsten fünf Tage müssen die Samen einmal täglich sorgfältig mit frischem, warmem Wasser abgespült werden, damit sich keine Keime einnisten. Das Glas decken die Kinder dann immer wieder mit einem nassen Papiertaschentuch ab.

Am sechsten Tag steht die Ernte kurz bevor.

Die Samen müssen nach dem Abspülen nur noch für drei bis vier Stunden an einen sonnigen Ort gestellt werden, wo sie grün werden.

Dann sind sie zum Verzehr bereit – guten Appetit!

## TIPPS

Samen mögen eine Temperatur von mindestens 18 °C.

Wer sicher gehen will, dass die Samen nicht mit Pflanzenschutzmitteln behandelt wurden, sollte auf Bioprodukte zurückgreifen. Die Packungsanweisungen werden mit den Kindern genau durchgesprochen, denn manche Samen müssen im Dunkeln keimen, während andere hell stehen dürfen. Direkte Sonne vertragen keine Samen gut.

Um Schimmelbildung zu verhindern, können Radieschen- oder Rettichsamen unter die anderen Samen gemischt werden.

### Variante

Alfalfa, Mungobohnen und Rotklee sind milde Sorten. Radieschen sind etwas für Genießer, die es scharf mögen.

### VORSICHT!

Nicht zu viele Radieschen- oder Rettichsamen unter die anderen Samen geben, weil die Mischung sonst zu scharf wird.

# Wissenswertes und Interessantes

# Noch mehr Sinnesspiele

## Alle Sinne sind gefragt!

Wenn Kinder ihre Umwelt erkunden, lernen sie ständig und mit allen Sinnen. Schon ein kurzer Spaziergang fordert die Aufmerksamkeit der Kinder und schult ihre Wahrnehmung: Jede Blume und jeder Baum riecht anders, sie unterscheiden sich in Form und Farbe und sie fühlen sich ganz verschieden an.

Auch im Kindergarten gibt es vieles mit den Sinnen zu entdecken. Die Kinder können die Pflanzen eines Kräuterbeetes kennenlernen und untersuchen. Das Kräuter-Düfte-Memory auf Seite 32, bei dem die Kinder die einzelnen Kräuter allein mit ihrem Geruchssinn unterscheiden sollen, ist ein Beispiel dafür.

Ein solches Training der Sinne spielt in der Ernährungserziehung eine große Rolle, weil die Unterscheidungsfähigkeit eine Grundlage für gesunde Ernährung ist: Wer die Unterschiede nicht schmeckt, dem sind sie oft auch gleichgültig.

Auf den folgenden Seiten finden sich einige Sinnesspiele, die Anregungen dafür geben, mit meist einfachen Mitteln Kindern unterschiedliche Sinneseindrücke als Lernanreize zu bieten.

## Die Geschmacksdetektive

*Für dieses Spiel sollte die Gruppe nicht größer sein als acht bis zehn Kinder, damit die Spieler nicht zu lange warten müssen, bis sie an die Reihe kommen.*

### Material
- 6 kleine Schüsseln
- 6 Themen-Felder, z. B.
  - 3 verschiedene Nusssorten (Achtung bei Allergiker-Kindern!)
  - 3 Obstsorten (z. B. Äpfel, Birnen, Bananen)
  - 3 Gemüsesorten (z. B. Kohlrabi, Möhre, Paprika)
  - 3 Brotsorten (z. B. Vollkornbrot, Knäckebrot, Zwieback)
  - 3 verschiedene Joghurtsorten
  - 3 verschiedene Sorten Trockenfrüchte
  - Evtl. Getränke
- 1 Würfel
- Tücher, Löffel, evtl. Becher

## Vorbereitung

Die Spielleitung bereitet – von den Kindern unbe-
obachtet – sechs Themenfelder vor:

Dazu füllt sie verschiedene Schüsseln z. B. mit
kleingeschnittenem Obst, Gemüse, Trockenfrüch-
ten, Brot, Nüssen und Joghurtsorten und stellt sie
abgedeckt bereit.

In jeder Schüssel sollten drei verschiedene Sorten
der jeweiligen Lebensmittel (-gruppe) enthalten
sein, beim Gemüse z. B. Stangensellerie, Radieschen, Paprika, beim Joghurt drei Schälchen oder
Becher mit drei verschiedenen Geschmacksrichtungen. Die Spielleitung nummeriert die Schälchen von
1 bis 6 und stellt sie auf einen Tisch.

## Anleitung

Die Kinder setzen sich an den Tisch und würfeln
der Reihe nach.

Würfelt ein Kind z. B. eine „1", schließt es seine Augen und bekommt etwas aus dem ersten Feld auf
die Zunge gelegt.

Es muss nun herausfinden, was es im Mund hat.

Je näher es an die Lösung herankommt, desto besser.

## Varianten

- Wer will, kann das Spiel auch erweitern, indem
  er dem probierenden Kind erlaubt, bestimmte
  Fragen zu stellen, die nur mit „ja" oder „nein"
  beantwortet werden dürfen.
- Traut sich ein Kind nicht, etwas zu probieren,
  hilft es bei der Leitung des Spiels mit.
- Das Spiel kann auch gut im Freien gespielt
  werden.

# Falsche Fährte!

*Dieser Versuch zeigt, dass für den Geschmackseindruck nicht allein die Zunge verantwortlich ist, sondern dass er von einer Vielzahl von Sinneswahrnehmungen – hier besonders durch das Auge – mitbestimmt wird.*

## Material

- Vanillejoghurt
- 3 Schälchen
- 3 Servierlöffel
- 1 Teelöffel pro Kind
- 2 Lebensmittelfarben (z. B. Rot für Erdbeeren, Kirschen, Grün für Apfel, Waldmeister oder Kiwi)

## Vorbereitung

Die Spielleitung füllt den Vanillejoghurt in die drei Schälchen.

Sie färbt den Joghurt in zwei der Schälchen mit Lebensmittelfarbe ein, damit er wie Fruchtjoghurt aussieht, z. B. Hellrot für Erdbeeren, kräftigeres Rot für Kirschen, Grün für Apfel, Waldmeister oder Kiwi.

Der Joghurt im dritten Schälchen bleibt unverändert.

## Anleitung: 1. Schritt

Jedes Kind bekommt einen Löffel.

Die Schälchen werden herumgereicht.

Mit der „Chefprobe" (→ S. 163) nehmen die Kinder etwas Joghurt, probieren und überlegen, welche Joghurtsorte in welchem Schälchen ist.

Hat jedes Kind aus jedem Schälchen probiert, tauscht sich die Gruppe darüber aus, welche Sorten sie vermuten.

Die Spielleitung verrät nichts.

### Was passiert?

Meist lassen sich die Kinder von der Farbe täuschen und schmecken verschiedene Fruchtsorten heraus.

### Anleitung: 2. Schritt

Zwei oder drei Kinder probieren die Joghurtsorten mit verbundenen Augen.

Die spannende Frage lautet: Schmecken sie erneut unterschiedliche Sorten heraus oder merken sie – da sie diesmal nicht von der Farbe abgelenkt werden –, dass es sich nur um eine einzige Joghurtsorte handelt?

### Chefprobe

Möchten die Kinder Speisen oder Getränke probieren, müssen sie aus hygienischen Gründen die so genannte „Chefprobe" machen: Der Servierlöffel bleibt immer bei der Schüssel mit der zu probierenden Speise, und jedes Kind erhält seinen eigenen Löffel zum Probieren. Mit dem Servierlöffel gibt das Kind etwas von der Speise auf den eigenen Löffel und probiert. Der Servierlöffel bleibt auf diese Weise keimfrei. So machen es auch die Chefköche!

# Ohren gespitzt!

## Material

- 4 undurchsichtige Filmdosen mit Deckel
- Verschiedene Lebensmittel, z. B. Salz, Reis, Nüsse, Mehl

## Vorbereitung

Die Spielleitung füllt die Filmdosen mit den verschiedenen Lebensmitteln und verschließt sie gut mit dem Deckel.

## Anleitung

Die Kinder setzen sich in einen Kreis, reichen die Filmdosen herum und schütteln sie.

Die Spielleitung bittet die Kinder, am Klang herauszufinden bzw. zu raten, welches Lebensmittel in der Filmdose versteckt ist.

Zum Schluss überlegen sie gemeinsam, was in den Dosen sein könnte und öffnen sie dann.

## Variante

Dieses Spiel lässt sich auch zu einem Memory erweitern.

# Alles steckt
# unter einer Decke

### Material

- Frisches Obst und Gemüse, Reis oder Nudeln
- 1 Beutel oder 1 Decke
- Evtl. Fühlkiste (1 Karton oder Holzkiste, Cutter bzw. Laub- oder Lochsäge, Stoffrest)

### Vorbereitung

Die Spielleitung legt die Lebensmittel, die es zu erraten gilt, in einen Beutel oder verteilt sie auf dem Tisch und deckt sie mit einer Decke zu.

### Anleitung

Die Kinder setzen sich um den Tisch und stecken nacheinander – ohne hinzusehen – ihre Hände in den Beutel oder unter die Decke.
Sie sollen durch Fühlen erraten, um welches Lebensmittel es sich handelt.
Dabei schildern sie den anderen Kindern ihre Eindrücke, z. B. lang, rund oder glatt.

Hat jedes Kind ein bis zwei Lebensmittel erraten, wird der Beutel ausgeleert bzw. die Decke weggezogen und das „Rätsel" aufgelöst.

### Variante 1

Statt einer Decke oder eines Beutels eignet sich auch eine „Fühlkiste". Dazu wird in die Front eines Kartons oder einer Holzkiste eine Öffnung geschnitten oder gesägt, die mit einem Stoffrest als kleinem Vorhang verschlossen wird. Durch die Öffnung greifen die Kinder dann hinein und ertasten das Lebensmittel.

### Variante 2

Der Schwierigkeitsgrad lässt sich steigern, indem die Kinder die Lebensmittel nicht nur erkennen, sondern auch bestimmten Lebensmittelgruppen zuordnen sollen. Dazu müssen sie zunächst überlegen, welche Lebensmittel zusammengehören: Sie benennen z. B. alle Gemüsesorten, dann gruppieren sie Nudeln mit Reis und Brot usw. Jüngeren Kindern hilft es, wenn sie eine Lebensmittelpyramide als Poster oder Zeichnung vor sich liegen haben (→ S. 14).

# Getreide – die Welt der **Körner**

Getreide gehört seit Jahrtausenden zu den Grundnahrungsmitteln des Menschen und die Verarbeitungs- und Zubereitungsmöglichkeiten waren schon immer vielfältig: Die Menschen zerstießen die Körner, weichten sie ein, aßen sie als Brei oder buken daraus auf heißen Steinen Fladen. Diese Traditionen sind in einigen Regionen der Welt bis heute erhalten geblieben. Bei uns überwiegt inzwischen allerdings die industrielle Verarbeitung: So wird unser Brot kaum noch zuhause gebacken, sondern beim Bäcker oder im Supermarkt gekauft. Das hat zur Folge, dass Kinder oftmals nicht mehr wissen, wie Brot und Gebäck hergestellt wird.

## Von Bauern, Müllern und Bäckern

*Woher kommt das Brot eigentlich – wächst es im Supermarkt? Was haben die Gräser auf dem Feld damit zu tun und wie wird aus Körnern Brot? All das sind spannende Fragen, deren Antworten die Kinder herausfinden können, wenn sie sich mit dem Thema Getreide beschäftigen.*

*Beim Getreide lässt sich der Weg von der Aussaat über die Verarbeitung bis hin zur fertigen Speise besonders gut nachvollziehen. Jeder einzelne Schritt ist interessant, und mit etwas Ausdauer können die Kinder den ganzen Prozess sogar selbst verfolgen.*

# Getreide säen

## Material

- Getreidekörner, evtl. unterschiedliche Getreidesorten (z. B. Weizen, Roggen, Hafer, Dinkel)
- Pflanzenkübel oder Beet
- Kleine Schaufel
- Gießkanne

## Anleitung

Im Frühjahr ist Zeit für die Aussaat des Getreides. Die Kinder bringen die Getreidekörner etwa 1 bis 3 cm tief in die Erde eines kleinen Beetes oder eines großen Kübels ein.

Die Aussaat muss dann regelmäßig gegossen werden.

Geht alles gut, sprießen nach einigen Wochen die ersten Halme, und nach etwa zwei bis drei Monaten bilden sich die Ähren aus.

## Variante

Besonders interessant wird es, wenn die Kinder unterschiedliche Getreidesorten aussäen.

Sie können dann beobachten, wie verschieden sich die Sorten entwickeln und wie sie sich auch im Aussehen deutlich unterscheiden.

- Den Roggen zeichnet z. B. aus, dass er stärker in die Höhe wächst als andere Getreidesorten und seine Halme eine bläuliche Farbe haben.
- Beim Hafer fällt auf, dass er als Fruchtstand keine Ähre ausbildet, sondern die Körner an einer Rispe hängen.

# Getreide ernten

### Material

- Getreidehalme (z. B. Weizen, Roggen, Hafer, Dinkel)
- Gartenschere
- Schnur oder Paketband
- Plane oder Decke
- 1 kleine Schale pro Getreidesorte

### Anleitung

Im Spätsommer wird das Getreide geerntet und verarbeitet.

Die Kinder schneiden dazu die Halme etwa eine Handbreit über dem Boden ab und binden sie zu Garben.

Ist die Ernte nicht groß genug ausgefallen, können Sie einen Bauern fragen, ob die Kinder auf seinem Feld etwas ernten dürfen.

Die Getreidebündel werden zum Trocknen zunächst einige Tage im Kindergarten aufgestellt.

Später öffnen die Kinder die Garben und schlagen jede Getreidesorte getrennt auf einer Plane oder Decke aus, um die Körner aus den Ähren zu lösen. Ein paar Ähren pro Sorte lassen sie übrig.

### TIPP

Die abgeschnittenen Halme eignen sich gut für Bastelarbeiten.

## Mähen und Dreschen

Das Mähen und Dreschen des Getreides war ohne Maschinen eine kraftraubende Arbeit, deren Ende im September in Form der Dreschefeste gefeiert wurde. In ländlichen Regionen ist diese Tradition erhalten geblieben, auch wenn schon lange nicht mehr von Hand gedroschen wird.

Die Kinder sammeln die Getreidekörner ein. Einen Teil der Körner legen sie als Saatgut für das kommende Frühjahr beiseite. Der Rest wird weiterverarbeitet.

Die Kinder füllen jede Getreidesorte in eine eigene kleine Schüssel und legen neben die Schüsseln die passenden Ähren.

Sie erhalten nun den Auftrag, die Unterschiede in Form und Farbe zu beschreiben.

Auch der Geschmackssinn kommt nicht zu kurz. Wenn sie die verschiedenen Körner probieren, werden sie die Unterschiede feststellen: Dinkel beispielsweise schmeckt etwas nussig, Roggen eher würzig.

# Getreide quetschen

*Um das Korn zu Flocken zu verarbeiten, wird das Getreide gequetscht. Auch hier können die Kinder selbst mit „anpacken" und erleben, wie das geht. Hafer lässt sich besonders gut zu Getreideflocken verarbeiten, aber auch Gerste, Dinkel oder Roggen eignen sich dazu. Als Werkzeug dient eine Flockenquetsche.*

## Material / Zutaten

- Getreidekörner (z. B. Hafer, Dinkel, Roggen, Gerste)
- Flockenquetsche
- Evtl. Mörser oder flache Steine

## Anleitung

Die Kinder geben die Getreidekörner in den Trichter der Flockenquetsche, drehen die Kurbel und quetschen so die Körner zu Flocken.

## Variante

Wer keine Flockenquetsche hat und das Getreide auf ganz ursprüngliche Weise verarbeiten möchte, zerquetscht es in einem Mörser oder zwischen zwei flachen Steinen.

# Müsli aus selbstgequetschten Flocken

*Ein aus selbstgequetschten Flocken hergestelltes Müsli ist nicht mit einem Fertigmüsli zu vergleichen – es schmeckt viel besser!*

## TIPP

Vielleicht entwickelt mit der Zeit jede Kindergartengruppe ihr eigenes Geheimrezept!

## Zutaten

Selbstgequetschte Flocken
Nüsse
Samen (z. B. Leinsamen, Sesam, Kürbiskerne, Sonnenblumenkerne)
Trockenfrüchte (z. B. Rosinen, Aprikosen)
Joghurt, Milch oder Fruchtsaft

Haben die Kinder genügend Körner verarbeitet, mischen sie sich ihr eigenes Müsli.
Sie geben zu den Flocken Nüsse, Samen (z. B. Leinsamen, Sesam, Kürbiskerne oder Sonnenblumenkerne) und Trockenfrüchte wie Rosinen und Aprikosen hinzu.
Mit Joghurt, Milch oder Fruchtsaft schmeckt es auch ausgesprochenen Müslimuffeln.
So lassen sich leckere Müslis für das gemeinsame Frühstück herstellen.

# Getreide schroten

*Eine andere Methode, Getreide weiterzuverarbeiten, als das Quetschen (→ S. 170) ist das Schroten der Körner.*

### Material / Zutaten
- Getreidekörner
- Kaffeemühle oder Getreidemühle

### Anleitung
Wenn die Kinder das Getreide mit einer alten Kaffee- oder Getreidemühle grob zerkleinern, entsteht Schrot.

Im Gegensatz zu den Flocken ist das Schrot zunächst zu hart. Essbar wird es erst, wenn es in etwas Flüssigkeit mindestens 30 Minuten eingeweicht wird.

> ## VORSICHT!
>
> Getreideschrot muss mindestens 30 Minuten eingeweicht werden. Damit der Frischkornbrei keimfrei bleibt, muss die Schale abgedeckt in den Kühlschrank gestellt werden. Das Getreideschrot sollte nicht mehr als zehn Stunden eingeweicht werden.

# Frischkornbrei

*Mit frischen Beeren, einem zerriebenen Apfel, Joghurt, gehackten Mandeln und getrockneten Aprikosen vermischt schmeckt das selbstgeschrotete Korn köstlich. Dieses Müsli enthält zahlreiche Vitamine und spendet viel Energie.*

## Zutaten (3–4 Kinderportionen)

| | |
|---|---|
| 1 | mittelgroßer Apfel |
| 1 | Handvoll frische Beeren |
| 3–4 EL | Wasser zum Einweichen |
| 3 EL | Getreide (z. B. Weizen oder Dinkel) |
| 3 EL | Joghurt oder Milch |
| 1 TL | Samen (z. B. Leinsamen oder Sonnenblumenkerne) |
| 1 TL | gehackte Mandeln oder Nüsse |
| 1 TL | gehackte Trockenaprikosen oder Rosinen |

## Zubereitung

Die Kinder schroten die Getreidekörner mit einer Mühle (→ S. 172), geben die geschroteten Körner in eine Schüssel und vermischen sie mit etwa drei bis vier Esslöffeln Wasser.

Sie stellen die Schüssel abgedeckt für einige Stunden in den Kühlschrank.

Vor dem Verzehr reiben die Kinder den Apfel, geben ihn mit den restlichen Zutaten zum Brei und verrühren alles gut miteinander.

# Getreide mahlen

### Material / Zutaten

- Getreidekörner
- Steine oder Kaffee- oder Getreidemühle
- Schale

### Anleitung

Jedes Kind legt ein paar Getreidekörner zwischen zwei Steine und mahlt sie.

Wenn die Körner lange genug gemahlen wurden, entsteht Mehl. Aus dem selbstgemahlenen (Vollkorn-)Mehl lassen sich köstliche Brötchen, Waffeln, frische Nudeln, Pizza oder Kekse zaubern.

Allerdings musste auch schon früher der Müller nicht mühsam selber die Körner zwischen den Steinen zermahlen, sondern Wind oder Wasser trieb die Mühlenräder und damit die Mahlsteine im Inneren der Mühle an.

### TIPP

So spannend es ist, das Mehl ganz ursprünglich zwischen zwei Steinen zu zermahlen, ist es doch für größere Mengen praktischer, eine manuelle oder elektrische Mühle zu benutzen. Die Kinder können das Prinzip deshalb auch gut an einer alten Kaffee- oder einer Getreidemühle nachvollziehen.

### Mehlkörper

Beim Mahlen erleben die Kinder, wie aus den gelbbräunlichen Körnern ein helles Mehl entsteht, weil der weiße Mehlkörper sichtbar wird, der sich im Inneren des Korns verbirgt. Wer sich das ganz genau ansehen will, muss nur ein Korn in der Mitte durchbeißen.

# Haferflocken-Blitzbrötchen

## Zutaten
## (für 1 Brot oder 8–10 Brötchen)

| | |
|---|---|
| 200 g | Weizenmehl Type 1050 |
| 150–180 g | Joghurt |
| 50 g | Haferflocken |
| 2–3 EL | Öl |
| 1 TL | Backpulver |
| ½ TL | Salz |
| | Evtl. Samen, Kerne, Kräuter, Nüsse oder getrocknetes Obst |

## Zubereitung

Den Backofen auf 200 °C Ober- und Unterhitze vorheizen.
Alle Zutaten in eine Schüssel geben und zu einem glatten Teig verkneten.
Aus dem Teig Brötchen, ein Brot oder kleine Stangen formen und auf einem Backblech 10 bis 12 Minuten backen.

## Variante

Man kann nach Belieben Samen, Kerne, Kräuter, Nüsse oder getrocknetes Obst in den Teig einarbeiten.

## TIPP

Die Brötchen lassen sich gut einfrieren. Man muss sie nach dem Auftauen im Backofen kurz aufbacken.

# Vollkorn-Knusperwaffeln

## Zutaten (ca. 20 Stück)

| | |
|---|---|
| 250 ml | Milch |
| 200 g | Vollkornmehl |
| 125 ml | Mineralwasser |
| 100 g | Haferflocken |
| 5 | Eier |
| 75 g | Butter oder ungehärtete Marga-rine |
| 50 g | Honig |
| Je 50 g | gehackte Mandeln, Sesam, Lein-samen und Sonnenblumenkerne |
| ½ TL | Zimt |
| 1 Prise | Vanillepulver |
| | Evtl. Puderzucker zum Bestreuen |

## Zubereitung

Alle Zutaten in einer Rührschüssel zu einem geschmeidigen Teig vermengen.

Den Teig portionsweise in einem vorgeheizten und leicht gefetteten Waffeleisen backen.

### TIPP

Die Waffeln schmecken am besten, wenn sie noch warm und mit Puderzucker bestreut serviert werden.

# Weißes und dunkles Mehl

Selbstgemahlenes Mehl (→ S. 174) hat eine dunklere Farbe als das weiße Mehl, das man normalerweise im Supermarkt kauft. Woran liegt das?

Die Kinder haben das ganze Korn vermahlen. Das Mehl, das sie hergestellt haben, besteht also aus Mehlkörper und Schale. Dagegen enthält das weiße Mehl aus dem Lebensmittelhandel nur die Mehl-

körper. Es ist die Schale, die für die dunklere Farbe sorgt.

Früher waren Backwaren aus weißem Mehl besonders teuer, denn um weißes Mehl herzustellen, mussten die Schalen und der Keimling aufwendig entfernt werden. Unter den damaligen Bedingungen war es sinnvoll, den Keimling zu entfernen, weil das Mehl dann länger haltbar war. Zugleich setzte sich aber auch die Auffassung durch, dass weißes Mehl besonders fein und kostbar sei.

Heute wissen wir, dass gerade die Randschichten des Korns wertvolle Inhaltstoffe wie Mineralien, Vitamine und Ballaststoffe enthalten. Zudem sättigen Brot- und Backwaren aus Vollkornmehl besser als solche aus weißem Mehl. Doch nicht nur das sind Vorteile des Vollkornbrotes: Die Kinder müssen deutlich mehr kauen als beispielsweise beim Weißbrot und trainieren so ihre Gesichtsmuskulatur, was nicht zuletzt auch sehr wichtig für die Sprachentwicklung ist.

### Körnerbrote und Vollkornbrote

Körnerbrote sind nicht unbedingt aus Vollkornmehl, auch wenn das beim Bäcker gerne gleichgesetzt wird. Bei Körnerbroten können dem weißen Mehl auch lediglich Samen wie Sesam oder Leinsaat beigemischt sein. Umgekehrt sind feingemahlene Brote ohne Körner nicht unbedingt aus weißem Mehl, sie können auch aus Vollkornmehl sein. Auch die Farbe des Brotes sagt nichts über seine Qualität aus, denn dunkle Brote sind häufig keine Vollkornbrote, sondern sie wurden mit Gerstenmalz oder Rübensirup dunkel gefärbt. Echte Vollkornbrote bestehen vor allem aus Vollkornmehl, -schrot

oder ganzen Körnern. Gerade feingemahlene Vollkornbrote unterscheiden sich in Aussehen und Geschmack kaum von herkömmlichen Mischbroten und werden auch von Kindern gerne gegessen.

### Mehltypen

Im Lebensmittelhandel gibt es Mehle mit verschiedenen Typenbezeichnungen zu kaufen. Die Bezeichnungen weisen darauf hin, wie hoch der Anteil der Randschichten und der Schale des Korns ist, der im Mehl enthalten ist, und damit der Anteil der Mineralstoffe. Die Typenzahl zeigt die Menge der Mineralstoffe in Milligramm an, die im Mehl enthalten sind, z. B.:

- Weißes Mehl der Type 405 enthält 405 mg Mineralstoffe pro 100 g Mehl.
- Ein Mehl der Type 1050 enthält 1050 mg pro 100 g.

Beim Backen kann in den allermeisten Rezepten das weiße Mehl problemlos zur Hälfte durch Vollkornmehl ersetzt werden. Wird ausschließlich Vollkornmehl verwendet, müssen etwa 10 % mehr Flüssigkeit dazugegeben werden.

# Warum das Brot größer wird

*Lange Zeit war das gebackene Brot flach und hart, bis die Menschen entdeckten, dass kleine Pilze, die Hefepilze, den Teig lockerer machen. Sie vergären den Zucker, der in Backwaren als Haushaltszucker oder Stärke enthalten ist, zu einem Gas (Kohlendioxid). Das Gas bildet Bläschen und lockert den Teig auf. Den Kindern können Sie diesen Prozess in einem Versuch anschaulich machen:*

## Material

- 1 kleine Kunststoffflasche
- Warmes Wasser
- 1 Packung Trockenhefe
- Zucker
- 1 Luftballon

## Anleitung

Die Kinder geben die Trockenhefe und etwas Zucker in die Flasche und füllen sie etwa zu einem Drittel mit warmem Wasser auf.

Dann schütteln sie die Mischung.

Über die Flaschenöffnung stülpen sie vorsichtig einen Luftballon.

## Was passiert?

Nach einer Weile bilden sich erste Bläschen in der Flüssigkeit, die an die Oberfläche steigen. Eine dicke Schaumschicht entsteht, und allmählich füllt sich der Luftballon mit dem Gas. Die Entwicklung des Gases benötigt Zeit – daher muss auch der Hefeteig vor dem Backen von Brot oder Kuchen immer eine Weile ruhen. In dieser Zeit „geht" die Hefe, d. h. sie produziert Gas.

## Getreide-Lexikon

### Getreidesorten

**Weizen** ist das Getreide, das in Deutschland am meisten angebaut wird. Aus Weizenmehl werden Brot, Kuchen und Nudeln gemacht. Wird der Weizen grob geschrotet und vorgekocht, heißt er Bulgur oder Couscous – bekannt als beliebte Beilage zu Fleisch- oder Gemüsegerichten.

**Dinkel** ist die Urform des Weizens und wird gerne zu Brot, Nudeln oder Frischkornbrei verarbeitet. Dinkel, der noch unreif geerntet und anschließend gedarrt wird, heißt Grünkern.

**Roggen** wird überwiegend angebaut, um aus dem Mehl dunkle, kräftige Brote zu backen. Damit aus dem eher schweren Teig ein lockeres, bekömmliches Brot entsteht, wird Roggenmehl mit Sauerteig (und nicht mit Hefe) gebacken.

**Hafer** ist ein besonders wertvolles Getreide, das reich an gesunden Nährstoffen ist. Die gequetschten Flocken sind Hauptbestandteil von Müsli (➔ S. 170).

**Gerste** spielt vor allem als Viehfutter eine Rolle. Daneben wird sie als Braugerste bei der Herstellung von Bier eingesetzt oder zu Malz verarbeitet.

**Mais** kennen die Kinder oft als Gemüsemais oder verarbeitet zu Cornflakes, Popcorn oder Erdnussflips. Aus Maiskeimen wird Öl produziert. Maismehl spielt eine wichtige Rolle in der glutenfreien Ernährung.

**Hirse** ist in Afrika und Asien eines der wichtigsten Grundnahrungsmittel. Sie kann als Brei oder Beilage sowohl süß als auch pikant zubereitet werden. Das eisenreiche Getreide gewinnt auch in Deutschland immer mehr an Bedeutung.

**Reis** schmeckt pikant als Beilage, Risotto oder zu Fisch- und Fleischgerichten. Besonders nährstoffreich ist Naturreis. Durch das Parboiled-Verfahren können auch in geschältem Reis mehr Nährstoffe gehalten werden als ohne diese Behandlung. Reis ist wie Mais glutenfrei und kann bei entsprechenden Intoleranzen verwendet werden.

### Getreideähnliche Sorten

**Buchweizen** ist ein Knöterichgewächs und wird für herzhafte Pfannkuchen, Aufläufe, Eintöpfe und Bratlinge verwendet.

**Amaranth** stammt aus Südamerika und ist vielseitig einsetzbar. Im Handel wird es als Müsli, Brotaufstrich und Bratling angeboten.

# Getränke: Gesunde **Durstlöscher**

## Wie viel sollen Kinder am Tag trinken?

Damit sich die Kinder den ganzen Tag wohlfühlen, sollten sie täglich sechs Gläser Flüssigkeit trinken. Sie sollten daher jederzeit die Gelegenheit haben, etwas zu trinken. Auch zu jeder Mahlzeit gehört ein Glas Wasser. Kinder trinken eher zu wenig und bekommen dann Kopfschmerzen oder fühlen sich schlapp.

Auch wenn es eine Vielzahl von Kindergetränken gibt, löscht Wasser am besten den Durst, egal ob es aus der Leitung oder aus der Flasche stammt. Trinkwasser wird in Deutschland streng kontrolliert und kann ohne Bedenken im Kindergarten getrunken werden. Mineralwasser wird aus tieferen Erdschichten gewonnen, so dass es in der Regel reich an Mineralstoffen ist. Im Kindergarten spielt Mineralwasser allerdings meist keine wichtige Rolle, weil es mehr kostet und erst in die Einrichtung transportiert werden muss. Andere geeignete Durstlöscher sind ungesüßte Früchte- und Kräutertees. Sie enthalten keine unnötigen Kalorien und sind auch für die Zähne unbedenklich.

Manchmal bringen Kinder jedoch ihre Getränke von zuhause mit, die dann oft zuckerreich und zahnschädigend sind. Limonaden, Cola und Eistee enthalten pro Liter zwischen 30 und 39 Würfelzucker und sind damit als Süßigkeiten einzustufen. In Cola und Eistee sind zudem meist Koffein und andere anregende Stoffe zu finden, die für Kinder nicht geeignet sind. Es reicht jedoch nicht, den Kindern zu erklären, dass Limonade ungesund ist. Sie sollten es spielerisch lernen und selber erfahren, wie viel Zucker in der Limonade steckt. Dafür eignet sich das folgende Spiel.

Daran schließen sich die folgenden Fragen an.

- Welche Getränke löschen den Durst und enthalten keinen oder wenig Zucker?
- Fallen euch noch andere gesunde Getränke ein?

Die Kinder sollen erkennen, dass zuckerreiche Getränke keine Durstlöscher sind, sondern zu den Süßigkeiten zählen.

Folgende Getränke löschen viel besser den Durst und enthalten keinen oder wenig Zucker: Wasser, ungezuckerte Früchte- oder Kräutertees und Fruchtsaftschorlen im Verhältnis 1:3 mit Wasser gemischt. Anschließend können die Kinder einen leckeren Kinderpunsch (➜ S. 106) mixen oder sich zu einer gemütlichen Teestunde (➜ „Einladung zum Teestündchen" S. 147) versammeln.

## Lieblingsgetränke im Test

### Zutaten

- Lieblingsgetränke der Kinder (von zuhause mitgebracht)
- Würfelzucker

### Anleitung

Die Kinder bringen ihre Lieblingsgetränke von zuhause mit und stellen sie auf den Tisch.

Sie überlegen gemeinsam, ob ihr Getränk ein gesunder Durstlöscher ist oder zu viel Zucker enthält. Wenn sich die Kinder entschieden haben, legt die Spielleitung so viele Zuckerwürfel daneben, wie das Getränk enthält (➜ S. 200), und fragt die Kinder, ob sie bei ihrer Entscheidung bleiben oder ihr Getränk doch anders einstufen.

Danach stellen sie alle Getränke auf dem Tisch je nach Zuckergehalt zusammen.

Die gesunden Getränke bilden die eine Gruppe, die stark gesüßten Getränke die andere.

## Saft ist nicht gleich Saft

Soll zu einer Feier einmal eine Fruchtbowle oder Fruchtschorle angeboten werden, gibt es zwischen einzelnen Saftarten große Unterschiede (➜ „Den Unterschied schmecken" S. 215). Geeignet ist nur der Saft, der aus 100 % reinem Fruchtsaft besteht. Damit der Saft nicht zu viel Energie durch den fruchteigenen Zucker liefert, sollte er immer mit Wasser (mindestens 1:3) verdünnt werden.

Die anderen Fruchtsaftarten wie Nektar und Fruchtsaftgetränk enthalten nur einen geringen Saftanteil. Dafür sind sie reich an zugesetztem Zucker, Aromastoffen, Farbstoffen und Zitronensäure. Sie haben zu viele Kalorien, löschen den Durst nicht richtig, und durch Zitronensäure wird die zahnschädigende Wirkung noch verstärkt.

# Milch: Milchbart und Joghurtkönig

Traditionell gehören Milch und Milchprodukte in Nordeuropa zu den täglichen Mahlzeiten. Sie liefern uns u. a. Calcium, das für ein gesundes Knochenwachstum der Kinder (und Erwachsenen) wichtig ist. „Milch macht Knochen stark" – diesen Spruch kennen viele Kinder. Aber wissen die Kinder auch, was man aus Milch alles machen kann und wie das funktioniert?

## Was wird aus Milch gemacht?

*Die meisten Kinder wissen, dass Milch von der Kuh stammt. Manche Kinder kennen auch Milchprodukte, die aus Ziegen- oder Schafsmilch hergestellt werden. Aber vielen ist nicht bewusst, dass auch Joghurt, Quark, Dickmilch, Kefir, Käse und Butter aus Milch gemacht werden. Kleine Versuche stellen die Herstellung der Milchprodukte nach.*

## Wie Butter entsteht

### Material / Zutaten
- 1 Schüssel
- 1 Becher Schlagsahne (Zimmertemperatur)
- Handmixer
- Evtl. verschließbare Gläser

### Anleitung
Die Kinder gießen die Sahne in eine Schüssel und schlagen sie mit einem Handmixer steif.

Sie schlagen die steife Sahne weiter, so dass die Masse in sich zusammenfällt und eine wässrige Flüssigkeit mit kleinen Fettflöckchen entsteht.

Die Kinder gießen die Flüssigkeit ab oder probieren, ob sie ihnen schmeckt.

Die Flüssigkeit ist die Buttermilch, die bei der Butterherstellung entsteht.

Die verbleibenden Fettflöckchen kneten sie zu einem kleinen Stück Butter.

### Was passiert?

Beim Mixen gelangt Luft in die Sahne, die von dem Fett und dem Eiweiß der Sahne eingeschlossen wird. So bilden sich stabile Kügelchen, die das Volumen der Sahne erhöhen und festigen. Dafür ist ein Fettgehalt von mindestens 30 % notwendig, deshalb wird auch Milch im Gegensatz zu Sahne durch Schlagen nicht steif.

### Variante

Ohne Mixer, aber mit viel Geduld, können die Kinder Butter auch herstellen, indem sie Sahne in verschließbare Gläser füllen und stark schütteln.

# Saure Milch

### Material / Zutaten

- 1 Glas Milch
- Etwas Zitronensaft
- Schüssel

### Anleitung

Die Kinder lassen etwas Zitronensaft in die Milch tropfen.

Die Milch gerinnt.

### Was passiert?

Das Eiweiß in der Milch gerinnt durch die Säure und flockt aus. Zur Herstellung von Joghurt und Dickmilch wird dieser Effekt genutzt, indem Bakterien zugesetzt werden, die den natürlich enthaltenen Zucker in der Milch zu Milchsäure umwandeln. Die Milchsäure bringt die Milch zum Gerinnen – ebenso wie der Zitronensaft.

# Joghurt selbst herstellen

## Material / Zutaten

- 1 l handwarme Milch (evtl. vorher leicht [!] erwärmen)
- 1 Becher Naturjoghurt, nicht wärmebehandelt (Zimmertemperatur)
- 1 große Rührschüssel
- 1 Schneebesen
- 8 ausgekochte Marmeladengläser mit Deckel
- 1 sauberes Küchentuch
- Decken

## Anleitung

Den Backofen auf 45 °C vorheizen.

Die Kinder gießen die Milch in eine Schüssel, geben den Naturjogurt dazu und verrühren die Mischung.

Dann füllen sie die Milch-Joghurt-Mischung gleichmäßig in die Gläser, stellen sie auf ein Backblech und decken sie mit einem sauberen Tuch ab. Sie schieben das Backblech für 20 Minuten in den Backofen.

Danach nehmen sie die Gläser aus dem Ofen, verschließen sie und hüllen sie über Nacht in Decken. Am nächsten Morgen ist der Joghurt fertig.

## TIPP

Wenn der Joghurt nicht gleich verzehrt wird, sollte er im Kühlschrank aufbewahrt werden. Mit frischem Obst oder selbstgemachtem Müsli (➜ S. 170) schmeckt er besonders gut.

# Quark selbermachen

## Material / Zutaten

- 2 l Dickmilch
- 1 Kochtopf
- 1 Thermometer
- 1 Leinentuch oder Mullwindel
- 1 Schüssel
- Evtl. Mineralwasser und frische Früchte

## Anleitung

Den Backofen auf 45 °C vorheizen.

Die Kinder gießen die Dickmilch in eine Schüssel und stellen sie für etwa zwei Stunden in den Backofen.

Anschließend legen sie ein Sieb mit einem Leinentuch oder einer Mullwindel aus, sieben die Dickmilch dadurch und lassen die Masse etwa zehn Stunden abtropfen.

Aus zwei Litern Dickmilch entstehen so ca. 300 g Quark.

## Variante

Aus dem Quark wird ein leckerer Fruchtquark, wenn die Kinder ihn mit etwas Mineralwasser aufschlagen und mit frischen Früchten vermischen.

# Milch und Milchprodukte machen stark!

Milch und Milchprodukte enthalten alle Bausteine, die Kinder für ihr Wachstum brauchen. Das Calcium in der Milch sorgt dafür, dass Knochenmasse aufgebaut wird und so Knochen und Zähne stabil sind und bleiben. Gerade im Alter zwischen drei und 13 Jahren wird die Hälfte der gesamten Knochenmasse entwickelt. Wer in diesen Jahren zu wenig Calcium mit der Nahrung aufgenommen hat, spürt im Alter die Folgen, wie etwa eine höhere Brüchigkeit der Knochen. Nicht jedes Kind ist mit diesem Mineralstoff gut versorgt, weil einige Kinder zu wenig calciumreiche Lebensmittel und Getränke zu sich nehmen.

Calcium kann der Körper nicht selbst herstellen, sondern muss er mit der Nahrung aufnehmen. Die besten Calcium-Lieferanten sind Milch und Milchprodukte. Ein Glas Milch liefert 240 mg Calcium, eine Scheibe Schnittkäse gut 300 mg Calcium. Um diese Menge auf anderem Wege aufzunehmen, müssten die Kinder neun Scheiben Brot oder etwa 400 g Lauch essen.

Kinder sind den ganzen Tag gut mit Calcium versorgt, wenn sie z. B. ein Brot mit Käse und einen Joghurt essen sowie ein Glas Milch trinken.

# Milch im Kindergarten

Im Kindergarten können die Kinder Joghurt oder Quark zum Mittagessen und zur Nachmittagsmahlzeit bekommen. Nutzt man die ganze Vielfalt der Milchprodukte und kombiniert sie mit frischem Obst, Gemüse oder Kräutern, nehmen die Kinder das Angebot gerne an. Einen Obstjoghurt oder Rohkost mit Kräuterquark können auch die kleinen Kinder schon gut selber zubereiten – sie platzen vor Stolz, wenn auch die anderen davon essen. Und selbstgemixten Milchshakes widerstehen auch solche Kinder nicht, die sonst keine Milch mögen. Auch Kindergärten können Schulmilch beantragen, die dann zu günstigen Konditionen geliefert wird. Pro Kind wird in der Regel täglich ein Viertelliter Milch oder Milchprodukt bezuschusst. Bei der Auswahl der Milch ist jedoch zu beachten, dass ungesüßte Milch gewählt wird, keine gesüßte Fruchtmilch und kein Kakao. Weitere Informationen und Broschüren sind bei den jeweiligen Landesvereinigungen der Milchwirtschaft zu erhalten.

## Auch Toben macht die Knochen stark!

Der Einbau von Calcium in den Knochen wird durch regelmäßige Bewegung gefördert. Ein Grund mehr, weshalb Kinder nicht nur Milch trinken, sondern auch toben und sich bewegen sollten. Milch ist aber kein Durstlöscher, sondern ist wegen ihres hohen Nährstoffgehalts als Lebensmittel einzuordnen.

## Wie kommen die Löcher in den Käse?

Um Käse zu machen, wird Milch in große Behälter gegossen. Dann werden spezielle Bakterien und das Labenzym dazugegeben, die die Milch in eine joghurtähnliche Masse verwandeln. Dabei entstehen kleine Gasbläschen, die sich zusammenlagern. Wird der Käse allmählich hart, bilden sich anstelle der Bläschen Löcher im Käse.

# Essen im Kindergartenalltag

Essen und Trinken sind im Kindergarten ein selbstverständlicher Bestandteil des Alltags; viele Kinder nehmen Frühstück und Mittagessen im Kindergarten ein. So haben die gemeinsamen Mahlzeiten ihren festen Platz im Tagesablauf. Sie strukturieren den Tag und sollten von den Kindern bewusst erlebt werden.

Im Kindergarten können Kinder viele Rituale und Essgewohnheiten kennenlernen, die sie von zuhause aus den verschiedensten Gründen nicht gewohnt sind. Manchmal erleben Kinder zuhause eine andere Tischkultur, manchmal fehlt daheim einfach

die Zeit oder die Kraft, bei der Ernährungserziehung auch hierauf zu achten, so dass viele Kindergärten auch diesen Teil der ursprünglich familiären Erziehung übernehmen müssen. Die Mahlzeiten sollten daher eingebettet sein in verschiedene Rituale und Regeln, die im gesamten Kindergarten einheitlich gelten und gelebt werden. Dazu gehört gemeinsames Essen an einem liebevoll gedeckten Tisch und in einer entspannten Atmosphäre, in der die Kinder ohne Zeitdruck miteinander reden, lauschen und essen können. So macht es ihnen Spaß, und sie können das Essen mit all' ihren Sinnen genießen und erleben. Hinzu kommt, dass in der Gruppe Kinder meist aufgeschlossener sind und auch solche Lebensmittel probieren, an die sie sich bis dahin nicht herangewagt haben.

Kinder wollen selbstständig sein und kleine Aufgaben übernehmen: Sie helfen gerne bei der Zubereitung des Essens, decken den Tisch, dekorieren ihn, essen selbstständig mit Messer und Gabel, bestimmen selber die Portionsgröße u. v. m. (➜ „Kinder machen mit" S. 207). Sie lernen durch ihre eigenen Erfahrungen und übernehmen Verantwortung.

Indem der Kindergarten diese Grundsätze im Alltag verankert, bietet sich die Chance, für die Kinder die Weichen zu einer gesunden Ernährung zu stellen. Von diesen wichtigen Grundlagen können sie ein Leben lang profitieren.

# Gemeinsam essen am Tisch

Das leckerste Essen schmeckt lange nicht so gut, wenn der eine Nachbar seine Essensmanieren vergessen hat, der andere immer wieder vom Tisch aufsteht und ErzieherInnen ständig die Kinder ermahnen müssen. Damit die gemeinsamen Mahlzeiten allen guttun, sollen die Kinder lernen, Rücksicht zu nehmen und einige Regeln einzuhalten:

## Regeln bei Tisch

- Vor dem Essen räumen die Kinder den Tisch auf, wischen ihn sauber und decken ihn ein. Je ruhiger und schöner der Essensbereich gestaltet ist, desto wohler fühlen sich die Kinder.
- Mit einem kleinen Tischspruch oder -gebet beginnt das Essen gemeinsam.
- Die Kinder essen zusammen mit ihrer ErzieherIn am Tisch, und jeder bleibt so lange sitzen, bis er fertig gegessen hat.
- Allen schmeckt das Essen besser, wenn die Kinder grundlegende Tischmanieren einhalten. Die jüngeren Kinder schauen sich gerne das Essverhalten bei den älteren Kindern ab, daher wird es immer leichter, eine angenehme Tischatmosphäre zu schaffen, je mehr große Kinder sich an die Regeln halten.
- Während die Kinder essen, können sie miteinander reden und lachen, ohne so laut zu werden, dass sie die anderen Kinder stören.
- Die Kinder bestimmen ihre Portion selber. Sie lernen, mit einer kleinen Portion zu beginnen, um sich ggf. nachzunehmen.
- Die Kinder sollten von allem probieren und sich nicht nur die Favoriten herauspicken. Auch hier orientieren sich die Kinder am Vorbild und probieren eher die Speisen, die auch ihre ErzieherIn isst.

- Die Kinder essen selbstständig und benutzen altersgemäß Löffel oder Messer und Gabel zum Essen.
- Kinder besitzen normalerweise ein gutes Gefühl für Hunger und Sättigung. Wenn sie satt sind, dürfen sie aufhören und müssen den Teller nicht leer machen.
- In der Regel lassen sich süße Nachtische gut durch Obst oder Joghurt ersetzen. Wenn es einen süßen Nachtisch gibt, wird er nicht als Belohnung für das Essverhalten der Kinder eingesetzt.
- Manche Kinder brauchen sehr viel Zeit, bis sie mit dem Essen fertig sind. Diese Zeit sollte ihnen zugestanden werden, auch wenn die anderen schon anfangen zu spielen.
- Jedes Kind ist dafür verantwortlich, dass es seinen Essensplatz wieder sauber verlässt.

## Lecker und abwechslungsreich

Essen soll Freude machen und die Kinder ansprechen. Daher sollte jedes Essen schön aussehen, gut riechen und lecker schmecken.

- Frische Zutaten wie Kräuter, Sprossen oder Gemüseschnitze sind schnell hergerichtet und werten jede Mahlzeit auf. Sie unterstreichen den Eigengeschmack der Speisen, so dass andere Gewürze und Salz reduziert werden können.
- Kinder mögen es häufig gerne, wenn die Beilagen getrennt serviert werden und sie genau erkennen können, aus welchen Bestandteilen die Mahlzeit besteht.
- Sie können ihren Teller selber füllen und so die Portionsgröße bestimmen.
- Fettige Soßen oder ein Ölfilm auf Kartoffeln, Nudeln oder Gemüse schrecken Kinder eher ab. Durch die sparsame Verwendung von Butter oder Sahne sehen die Speisen appetitlicher aus, und die oft zu fettreiche Ernährung der Kinder wird entlastet.
- Soweit es möglich ist, sollten die Kinder in die Essensplanung mit einbezogen werden. Sie freuen sich auf „ihre" Speisen und sehen, dass ihre Wünsche von den Großen umgesetzt werden.
- Zu jeder Mahlzeit gibt es etwas zu trinken, am besten Wasser.
- Zur Frühstückszeit oder als Snack am Nachmittag können die Kinder von einem kleinen Hasenteller mit Gemüse- und Obstschnitzen naschen. Die Kinder bereiten den Hasenteller auch gerne selber zu (➔ „Kinder machen mit!" S. 207)

## Geschmacksentwicklung

Kinder suchen ihr Essen nicht danach aus, ob es gesund ist, sondern danach, ob es ihnen schmeckt. Es reicht daher nicht aus, ihnen zu erklären, welches Essen ihnen guttut, vielmehr müssen Interesse und Neugier der Kinder geweckt werden. Je mehr sie mit verschiedenen Lebensmitteln in Kontakt kommen, sie anfassen, riechen, zubereiten und schmecken, desto eher öffnen sie sich für Neues.

Was Kinder mögen, entwickelt sich vor allem im Kindergarten- und Grundschulalter; Vorlieben bzw. Abneigungen prägen sich hier aus. Eine Vorliebe für Süßes ist angeboren, und viele Gemüsesorten essen die Kinder auf Anhieb nicht so gerne. Wer kennt das nicht vom Spinat … Haben sie ihn aber als Spinatnudeln, mit Kartoffeln oder im Auflauf einige Male probiert, mögen Kinder ihn schon eher.

Und wenn sie an seiner Zubereitung beteiligt waren, ist es noch besser.

Kinder probieren eine Speise bis zu 40mal, bevor sich eine Vorliebe ausbilden kann. Je häufiger sie unterschiedliche Geschmacksrichtungen in der Kindheit kennenlernen, desto vielfältiger wird ihre Ernährung auch später sein. Dazu sollte das Essen alle Sinne ansprechen, bunt und knackig sein und gut riechen.

## Vorbilder

Kinder lassen sich stark davon beeinflussen, wie sich ihre Vorbilder beim Essen verhalten. Lautstarke Unmutsäußerungen gehören deswegen nicht an den Essenstisch. Kinder schauen auch ganz genau auf das, was die ErzieherInnen machen. Gemeinsam mit den Kindern zu essen, fördert ungemein, dass

die Kinder sich auf das Essen einlassen. Ältere Kinder können gut den jüngeren am Tisch beim Essen helfen. Sie achten dann auch mehr auf ihr eigenes Essverhalten.

### Das mag ich nicht!

Immer wieder gibt es Kinder, die es kategorisch ablehnen, an gemeinsamen Mahlzeiten teilzunehmen. Sie essen nur wenige Speisen und sind misstrauisch gegenüber Neuem; gelegentlich ekeln sie sich regelrecht vor dem Essen.

Es ist ganz normal, wenn Kinder nicht immer alle Speisen mögen – das geht uns Erwachsenen auch so. Manchmal sind die Gründe dafür nicht ersichtlich, aber solange sie nur einzelne Obst- oder Gemüsesorten oder wenige Speisen ablehnen, sind diese Abneigungen unbedenklich und sollten respektiert werden. Verweigern sie jedoch grundsätzlich das Mittagessen, weil sie eigentlich nur den Nachtisch essen möchten, oder ist das Essen nur ein Anlass, um bestimmte Wünsche durchzusetzen, sollte das nicht hingenommen werden. Essen ist eine Selbstverständlichkeit, die nicht für Machtspiele benutzt werden darf. Im Kindergarten gelten daher klare Regeln, die das den Kindern signalisieren.

Manchmal stecken Probleme hinter solchem Verhalten, die eher mit dem Elternhaus zu tun haben. Diese Situationen kann das Kindergartenteam nicht alleine lösen. Im Gespräch mit den Eltern kann das Essverhalten des Kindes im Kindergarten geschildert und mit den Eltern nach Lösungsansätzen gesucht werden. Damit sich das Verhalten des Kindes langfristig verändert, müssen die Eltern mit in die Verantwortung genommen werden.

Von Seiten des Kindergartens ist es sehr wichtig, diesem Kind weiterhin zu zeigen, wie viel Spaß Essen macht, und es möglichst oft bei den Essensvorbereitungen zu beteiligen, damit es seine Abneigung gegen das Essen verliert.

# Brotdose: Energie für den Kindergarten

Kinder sind oft den ganzen Tag in Aktion und verbrauchen viel Energie; mit den Mahlzeiten füllen sie ihre Speicher wieder auf. Das Frühstück ist eine besonders wichtige Mahlzeit für die Kinder, weil die Reserven des Körpers nach einer langen Nachtpause wieder gefüllt werden müssen. Trotzdem haben nicht alle Kinder kurz nach dem Aufstehen schon Hunger, und in vielen Familien reicht morgens die Zeit nicht für ein ausgiebiges Frühstück. Das macht das Frühstück im Kindergarten besonders wichtig.

In den Einrichtungen ist das Frühstück unterschiedlich geregelt: In manchen bringen die Kinder Getränke und Speisen selbst mit, in anderen wird alles vom Kindergarten gestellt, und zwischen diesen Positionen finden sich viele Abstufungen. Dort, wo die Kinder ihr Frühstück von zuhause mitbringen, gibt es oft Diskussionen mit den Eltern über den Inhalt der Brotdose. In deren Mittelpunkt stehen dann meist die süßen Kindersnacks oder Brotaufstriche, die kaum Nährstoffe, dafür aber zu viel Fett und Zucker enthalten und für ein gesundes Frühstück nicht geeignet sind.

Eine einheitliche Regelung in der Gruppe – besser noch im gesamten Kindergarten – erleichtert den Umgang mit dieser Frage.

Sind gemeinsame Regeln vereinbart worden, können Eltern direkt darauf angesprochen werden. Denn für Kinder ist es nicht einsichtig, wenn sich einige wenige nicht an die Absprachen halten und doch Süßigkeiten mitbringen. Eine Portion Süßes pro Tag ist in Ordnung, wenn die Kinder sie zuhause und nicht im Kindergarten essen. Manchmal erfordert die Umsetzung der Regeln einen langen Atem, aber es lohnt sich. Hilfreich ist es auch, mit den Kindern den Inhalt der Brotdosen zu besprechen. Sie verstehen oft schnell, welche Dinge da hineingehören, und geben es zuhause weiter.

Süßigkeiten und übliche Kindersnacks (Kinderschnitte, Schokocroissant oder Ähnliches) sind nicht geeignet. Sie spenden nur kurze Zeit Energie und liefern kaum Nährstoffe. Eine gute Wahl sind dagegen Brote mit Vollkornanteilen, die mit fettarmen Käse- und Wurstsorten belegt sind. Eine bunte Dekoration mit Salatblättern, Tomaten- oder Gurkenscheiben sorgt für eine zusätzliche Portion Vitamine. Dazu kommt ein Stück Obst oder Gemüse der Saison. Gute Energiespender sind auch Nüsse pur oder als Studentenfutter (Vorsicht bei Nussallergikern!).

# Kinderlebensmittel

In der Brotdose sind immer häufiger Fertigprodukte zu finden, die die Kinderaugen mit bunten Verpackungen locken und den Eltern einen gesunden Beitrag zur Ernährung versprechen: Mag das Kind keine Milch, dann sei eine „Extraportion Milch" in einer Kinderschnitte oder einem bunten Kinderjoghurt. Und der Durst könne auch bequem mit einem Saft aus einem Trinkpäckchen gelöscht werden. Außerdem müsse das Essen für die Brotdose nicht mehr zubereitet werden, sondern komme aus der Packung direkt in die Brotdose. Halten die Kinderprodukte aber das, was die Werbung verspricht, und tragen sie zur gesunden Ernährung bei? Brauchen Kinder überhaupt spezielle Lebensmittel, die genau auf sie zugeschnitten sind?

## Wie gesund sind „Kinderlebensmittel" tatsächlich?

So genannte Kinderlebensmittel sind von Unternehmen entwickelt worden, um Kinder als eigenständige Zielgruppe zu erschließen. Kinder sollen diese Produkte besonders ansprechend finden, daher sind ihre Verpackungen meist bunt und mit Figuren bedruckt, die Kindern gefallen. Und Eltern sollen sie gerne kaufen, daher gibt es oft zusätzliche Versprechen bezüglich der Inhaltsstoffe – das heißt aber nicht, dass diese Produkte tatsächlich besonders auf die Bedürfnisse von Kindern zugeschnitten sind, also viele Nährstoffe und wenig Zucker und Fett enthalten. Häufig ist sogar das Gegenteil der Fall.

Kinder brauchen eine ausgewogene Ernährung, die reich an wertvollen Nährstoffen ist und sie mit genügend Energie versorgt. Sie unterscheidet sich damit nicht von einer ausgewogenen Mischkost der restlichen Familie: Getreideprodukte wie Brot, Nudeln und Reis gehören ebenso auf den normalen Speiseplan wie Obst, Gemüse und in Maßen Milchprodukte, Fleisch, Fisch und Eier (➜ „Basiswissen gesunde Ernährung" S. 12). Spezielle Produkte für Kinder sind daher nicht notwendig. Trotzdem bietet

der Handel inzwischen eine Vielzahl an unterschiedlichen Lebensmitteln speziell für Kinder an: Sie reichen von Frühstückscerealien (Cornflakes & Co.) über besondere Joghurt-, Wurst- oder Käsesorten und Trinkpäckchen bis hin zu Snacks. Schaut man sich genauer an, was wirklich in ihnen steckt, taucht Zucker in der Zutatenliste meist weit vorne auf – er ist in vielen Lebensmitteln reichlich enthalten.

Um den tatsächlichen Zuckergehalt zu verschleiern, wird Zucker oft nicht nur als Kristallzucker zugesetzt, sondern in anderen Formen wie Fruchtzucker, Traubenfruchtsüße, Traubenzucker, Honig usw. Dazu kommen verschiedene Bezeichnungen, deren Namen auf den ersten Blick nicht nach Zucker aussehen: Glucose, Dextrose, Glucosesirup, Maltose u. v. m. Sie alle sind aber ebenso kalorienreich und zahnschädigend wie Kristallzucker. Werden mehrere dieser Zuckersorten verwandt, sieht der Verbraucher nicht mehr auf den ersten Blick, wie viel Zucker wirklich im Lebensmittel steckt. Dabei ist das meist sehr viel: Bereits eine Portion eines Kinderlebensmittels enthält oft mehr als die tägliche

Zuckermenge von 12 g (das entspricht vier Zuckerwürfeln), die das Forschungsinstitut für Kinderernährung als Höchstmenge empfiehlt.

Ähnlich sieht es mit dem Fettgehalt der Produkte aus. Etwa zwei Drittel aller Kinderlebensmittel enthalten zu viel Fett. Wenn man diese Ergebnisse zu der wachsenden Anzahl von übergewichtigen Kindern in Relation stellt, erübrigt sich die Frage, ob diese Produkte tatsächlich für Kinder besonders geeignet sind. Ebenso sind Vitaminzusätze in den Lebensmitteln unnötig und wenig sinnvoll. Nach wie vor ist es fraglich, ob die zugesetzten Vitamine überhaupt vom Körper gut verwertet werden können. Wirklich wirksam sind Vitamine zusammen mit anderen Inhaltsstoffen in Obst und Gemüse.

Kinderlebensmittel sind in aller Regel nicht sinnvoll, weil sie zu viel Zucker, Fett und Zusatzstoffe enthalten. Sie sind nichts anderes als eine Süßigkeit. Ein einfaches belegtes Brot, Obst- und Gemüseschnitze und ein Glas Wasser oder Tee können sie nicht ersetzen. Nicht jedes Elternteil wird damit einverstanden sein, aber oft hilft es, den Eltern mit einer Zucker- und Fettausstellung (➜ S. 199) zu zeigen, wie wenig wertvoll Kinderlebensmittel tatsächlich sind. Wenn die Kinder trotz alledem nicht auf solche Produkte verzichten wollen, haben sie außerhalb der Kindergartenzeiten die Gelegenheit, sie zu essen.

Eine einheitliche Regelung im gesamten Kindergarten, wie mit diesen Produkten umgegangen wird, erspart viele Diskussionen mit den Eltern. Einige Kindergärten geben den Eltern schon bei der Anmeldung ein Schreiben mit, auf dem die Regelungen mit Kinderlebensmitteln und Süßigkeiten zusammengefasst sind. Zum Teil sind diese sogar Bestandteil eines Vertrages, den die Eltern am Anfang unterschreiben.

# Auf der Spur von Zucker und Fett

Vielen Lebensmitteln ist von außen nicht anzusehen, wie viel Zucker und Fett darin enthalten sind, und Kinder können sich unter den Angaben auf der Packung meist wenig vorstellen. Wenn sie sich aber selbst damit auseinandersetzen, welche Mengen dieser Inhaltsstoffe in bestimmten Lebensmitteln stecken, wird oft ihr detektivisches Interesse geweckt, und sie verstehen, warum manche Lebensmittel ungesund sind.

## Zuckerausstellung

*Damit Kinder sich den Zuckergehalt von Lebensmitteln besser vorstellen können, werden so viele Zuckerwürfel neben das Produkt gestellt, wie Zucker darin enthalten ist. Diese Zuckerausstellung ist auch für Eltern sehr interessant.*

### Material
- Würfelzucker
- Kleine Teller oder Schalen
- Verschiedene Kinderlebensmittel

### Anleitung
Die Kinder besprechen gemeinsam mit der Spielleitung, wie viel Zucker in den verschiedenen Produkten enthalten sein könnte.

Ältere Kinder lesen den Zuckergehalt an der Nährstoffliste auf der Packung ab, ansonsten hilft die Spielleitung und sagt ein bisschen vor.

Die Kinder sortieren die Zuckerwürfel dem Produkt zu, wobei ein Zuckerwürfel 3 g Zucker entspricht, legen sie auf kleine Teller oder Schalen und stellen sie zu dem untersuchten Lebensmittel.

So entsteht eine Zuckerausstellung, die sich auch die Eltern und Kinder aus anderen Gruppen anschauen können.

| Lebensmittel | Anzahl der Zuckerwürfel* |
|---|:---:|
| 1 Trinkpäckchen, 200 ml Fruchtsaftgetränk | 8 |
| 1 l Limonade | 30 |
| 1 l Eistee Zitrone | 25 |
| 1 Tafel Kinderschokolade (100 g) | 14 |
| 1 Tüte Gummibärchen (250 g) | 34 |
| 1 Minitüte Gummibärchen (15 g) | 2 |
| 1 Schokokuss | 4 |
| 1 Becher Frischkäse mit Frucht für Kinder (50 g) | 2 |
| 1 Päckchen Schoko-Haselnusspudding | 3 |
| 1 Becher „Joghurt für Kinder" (125 g) | 4 |
| 1 Becher Vanille-Quarkzubereitung für Kinder (150 g) | 7 |
| 1 Kinderschnitte (28 g) | 2 |
| 1 Schokoriegel, groß (51 g) | 10 |
| 1 Schokoriegel, klein (22 g) | 4 |
| 1 Müsliriegel Schoko (25 g) | 3 |
| 1 Glas Nuss-Nougat-Creme (400 g) | 67 |
| 1 Flasche Tomatenketchup (400 g) | 35 |
| Gezuckertes Fertigmüsli (375 g) | 24 |
| 1 Portion Frühstückscerealien (30 g) | 3 |
| Empfohlene Zuckermenge pro Tag für 3- bis 6jährige Kinder | 3–4 |

\* Es handelt sich zum Teil um gemittelte Werte, die nach oben oder unten abweichen können, z. B. können 375 g gezuckertes Fertigmüsli je nach Hersteller 17 bis 31 Würfelzucker enthalten. Die Rezepturen werden außerdem von den Herstellern in regelmäßigen Abständen verändert, so dass Abweichungen entstehen.

*Quelle: Herstellerangaben, das-ist-drin.de, Team Jugendzahnpflege Region Hannover*

# Zucker im Joghurtbecher

*Für Kinder ist es schwer zu verstehen, dass auch in Joghurt so viel Zucker steckt. Bei diesem Versuch sehen sie, wie viel Volumen der Zucker in dem Joghurtbecher einnimmt.*

## Material / Zutaten

- Würfelzucker
- Leerer Joghurtbecher

## Anleitung

Die Kinder geben etwa sieben Zuckerwürfel in den Joghurtbecher, je nach der Zuckermenge, die in dem Kinderjoghurt enthalten ist.

Meist sind sie überrascht, wie sehr der Zucker den Joghurtbecher ausfüllt, und können kaum glauben, dass auch noch Joghurt hineinpassen soll.

## Variante

Die Kinder probieren dies auch mit anderen Lebensmitteln aus und bekommen so ein Gefühl dafür, wie viel Zucker in ihnen steckt.

# Fett oder kein Fett?

*Streichfett wie Butter oder Margarine können die Kinder sehen und anfassen. Das Fett in Lebensmitteln ist dagegen nicht sichtbar, bis sie diese Fettprobe durchführen. Die Probe ist eher für ältere Kinder geeignet.*

## Material / Zutaten

- Löschpapier
- Apfel-, Kartoffelschnitze
- Fetthaltige Lebensmittel (z. B. Chips, Salami, Mortadella, Kekse, Croissants)
- Wäscheklammern
- Leine

## Anleitung

Die Kinder nehmen ein Stück oder eine Scheibe des Lebensmittels und drücken sie auf ein Löschpapier. Die Spielleitung schreibt auf das Löschpapier, um welches Lebensmittel es sich handelt.

Die Kinder hängen die Löschpapierblätter mit Wäscheklammern auf eine Leine und lassen sie trocknen.

## Was passiert?

Nach einer Weile erkennen die Kinder, dass der feuchte Fleck des Apfels und der Kartoffel verschwunden ist, während die Flecke der anderen Lebensmittel zurückbleiben. Apfel und Kartoffel enthalten Wasser, das auf dem Löschpapier sichtbar wird. Verdunstet es, verschwindet der Fleck. Die anderen Lebensmittel enthalten Fett, das auch vom Löschpapier aufgesogen wird, aber dann nicht wieder verdunstet: Fettflecke verschwinden nicht.

Im Vergleich von Kartoffel und Chips sehen die Kinder das Fett, das durch die Zubereitung in die Lebensmittel gelangt ist.

# Kindergeburtstag: **Feiern** ohne Süßigkeiten

Einmal im Jahr freut sich jedes Kind darüber, im Mittelpunkt seiner Kindergartengruppe zu stehen: Der eigene Geburtstag ist ein besonderer Tag! Das Essen darf dann gerne einmal von der ausgewogenen Ernährung abweichen. Süßigkeiten müssen es trotzdem nicht sein, dafür können aber z. B. ein gemeinsam gebackener Kuchen oder selbstgemachte Kekse die festliche Stimmung unterstreichen. Das Geburtstagskind kann sich aussuchen, ob es schon am Vortag seinen Lieblingskuchen backen möchte oder lieber an dem Freudentag selber. Einfache Muffins, Kekse, Sand- oder Marmorkuchen sind schnell im Kindergarten gebacken und können von den Kindern schön verziert werden. Bei den Rezepten kann das weiße Mehl gegen das wertvollere Vollkornmehl ausgetauscht und weniger Zucker genommen werden, damit die Kuchen nicht zu süß sind. Soll der Kuchen etwas ganz Besonderes sein, kann aus einem umgedrehten Kastenkuchen ein Piratenschiff mit Papiersegeln gebastelt werden oder aus einem Kuchen, der in der Springform gebacken wurde, mit Waffeltüten und etwas Zuckerguss ein wunderschönes Prinzessinnenschloss entstehen. Vielleicht freut sich das Kind aber auch mehr über Melonenkugeln (➜ S. 205), einen bunten Obst-Igel (➜ S. 205) oder Pizzabälle (➜ S. 206).

Hat ein Kind Geburtstag, können die Eltern die Köstlichkeiten mit dem Kind zuhause vorbereiten oder die Zutaten mit in den Kindergarten bringen, so dass die Kinder sie im Kindergarten zubereiten können. Das Geburtstagskind erinnert sich sicher gerne an die gemeinsamen Aktionen.

Darüber hinaus gibt es viele andere schöne Ideen, die dem Geburtstagskind eine Freude machen: Vielleicht darf es sich z. B. an diesem Tag seine Lieblingslieder und -spiele wünschen oder auf einen eigens dafür dekorierten Geburtstagsthron setzen. In manchen Kindergärten legen die anderen Kinder ein Mandala aus Naturmaterialien rund um das Geburtstagkind. Ein Foto von diesem Kunstwerk erinnert es für den Rest des Jahres an diesen Geburtstag.

Die Geburtstagkinder möchten meist gerne den anderen Kindern ein kleines Geschenk mitbringen. Dazu können sie beispielsweise die Pizzabälle in kleine Tüten packen. Auch über selbstgemachte Blumensaattüten (➜ „Gesammelte Vielfalt" S. 78), „Wohltuende Teebeutel" (➜ S. 109) oder kleine Marmeladengläser (➜ „Erdbeermarmelade" S. 60) freuen sich die Kinder länger als über eine große Tüte mit gekauften Süßigkeiten.

# Einfacher Rührkuchen

## Zutaten (für 1 Kastenform)

| | |
|---|---|
| 300 g | Weizenvollkornmehl |
| 150 ml | Milch |
| 125 g | brauner Zucker |
| 100 g | Butter oder Margarine (ohne gehärtete Fette) |
| 2 | Eier |
| 1 TL | Backpulver |
| | Evtl. Kakaopulver oder 1 Bio-Zitrone |

## Zubereitung

Die Butter in kleine Stücke schneiden, in eine Rührschüssel geben und die Eier und den braunen Zucker hinzufügen.

Die Mischung mit einem Mixer schaumig schlagen.

Das Mehl, das Backpulver und die Milch vorsichtig nach und nach unterrühren, bis eine gleichmäßige Masse entstanden ist.

Die Kastenform einfetten.

Den Teig in die Kastenform füllen und bei 180 °C etwa 45 Minuten backen.

Um zu überprüfen, ob der Kuchen fertig ist, einen Holzspieß in die Mitte des Kuchens stecken. Ist er beim Herausziehen frei von Teigresten, ist der Kuchen fertig.

## Varianten

- Mit ein wenig Kakaopulver wird aus dem Rührkuchen ein Marmor- oder Schokoladenkuchen, indem man einen Teil des Teiges mit Kakao vermischt.
- Viele Kinder mögen auch gerne Zitronenkuchen. Dazu einfach die abgeriebene Schale und den Saft der Bio-Zitrone unter den Rührteig mischen.

# Melonenkugeln zum Aufspießen

## Material / Zutaten
- Wasser- oder Honigmelone
- Melonenausstecher
- Kleine Holz- oder Plastikspieße

## Zubereitung

Die Wasser- oder Honigmelone halbieren und entkernen.

Aus der entkernten Melone mit einem Ausstecher kleine Kugeln ausstechen.

Die Melonenkugeln in die ausgehöhlte Melonenschale legen.

So können sich die Kinder mit kleinen Holz- oder Plastikspießen selbst bedienen.

## Variante

Um jede Melonenkugelhälfte wie eine kleine Krone aussehen zu lassen, kann man die Melone mit einem Küchenmesser in Zickzacklinie halbieren.

# Bunter Obst-Igel

## Material / Zutaten
- Verschiedene Obstsorten der Saison
- 125 g fettarmer Joghurt
- 2 EL Fruchtfleisch von möglichst saftigen Obstsorten
- 1–2 TL Honig
- Evtl. frisch gepresster Zitronensaft für Zitronenwasser
- Zimt
- Gehackte Nüsse, Sesam, Sonnenblumenkerne, Leinsamen, Haferflocken, Mohn nach Geschmack
- Bunte Plastik- oder Holzspieße

## Zubereitung

Das Obst gründlich waschen, abtrocknen und in mundgerechte Stücke schneiden. Die verschiedenen Obstsorten auf Schälchen verteilen.

Das Obst auf die Spieße stecken und kurz in etwas Zitronenwasser eintauchen, damit es nicht braun wird.

Für den Dip Joghurt mit zwei Esslöffeln Fruchtfleisch, Honig und Zimt vermischen und in einem Schälchen zu den Spießen stellen.

Zum Verzehr die Spieße erst in den Joghurt-Dip tauchen und anschließend in die Nüsse oder Samen.

## TIPP

Wenn Sie eine Melone verwenden, können Sie die eine Hälfte aushöhlen und das Fruchtfleisch mit für die Spieße verarbeiten. Die Obstspieße stecken Sie dann von außen in die Melone. So entsteht ein lustiger Obstigel – auch gut geeignet für Kindergeburtstage.

# Pizzabälle aus Vollkornmehl

## Zubereitung

Den Ofen auf 175 °C Ober- und Unterhitze vorheizen.

Die Zutaten für den Quark-Öl-Teig in einer großen Schale verrühren.

Die restlichen Zutaten waschen, putzen, sehr klein schneiden und unter die Quarkmasse kneten.

Etwa tischtennisballgroße Kugeln formen und auf ein Blech geben.

Im vorgeheizten Ofen ca. 20 Minuten backen, bis der Käse zerlaufen ist und die Kugeln eine schöne Bräune bekommen haben.

## Zutaten (20 Stück)

### Für den Quark-Öl-Teig

| | |
|---|---|
| 300 g | Vollkornmehl |
| 150 g | Magerquark |
| 8 EL | Milch |
| 6 EL | Öl |
| 1 TL | Salz |
| 1 Päckchen | Backpulver |

### Weitere Zutaten

| | |
|---|---|
| 75 g | Schinkenwürfel (Kochschinken, roher Schinken oder Putenbrust) |
| 75 g | geriebener Käse |
| 50 g | Paprikawürfel oder Mais |
| ½ Bund | Frühlingszwiebeln |

# Kinder machen mit

Kinder sind neugierig, unternehmungslustig und möchten alles ausprobieren. Sie wollen „wie die Großen" kleine Mahlzeiten selber zubereiten, die Getränke einschenken, den Essenswagen von der Küche abholen oder die Pflanzen im Naschgarten gießen. Jede kleine Aufgabe, die sie erfolgreich geschafft haben, stärkt ihre Selbstständigkeit und ihr Selbstbewusstsein. Gleichzeitig lernen sie, Verantwortung für sich und andere zu übernehmen. Es gibt rund ums Essen viele Möglichkeiten, die Kinder zu beteiligen und ihren Forscherdrang zu befriedigen.

## Kinder planen mit

Schon bei der Planung des Essens können die Kinder mit einbezogen werden. Einige Einrichtungen lassen die Kinder gruppenweise den wöchentlichen Speiseplan mitgestalten. Damit es nicht jede Woche Spaghetti, Milchreis und Pfannkuchen gibt, treffen die ErzieherInnen eine Vorauswahl, die nach der Checkliste des Forschungsinstituts für Kinderernährung (➜ Anhang S. 234) zusammengestellt ist. Aus sechs bis acht Gerichten wählen sich die Kinder ihren Favoriten für den Nudel-Tag aus, dann entscheiden sie sich für ein Fleischgericht am nächsten Tag usw.

### TIPP

Eine schöne und anschauliche Variante sind auf Karten geklebte Fotos, auf denen die Gerichte abgebildet sind. So können sich die Kinder einen Nudelauflauf oder eine Gemüsepfanne besser vorstellen. Die Karten heften sie auf den Speiseplan und hängen ihn im Eingang aus, damit auch die Eltern wissen, was es in dieser Woche zu essen gibt.

# Kinder kochen mit

Beim Kochen schnippeln, wiegen, rühren und mischen die Kinder nach Herzenslust. So lernen sie spielerisch den Umgang mit Lebensmitteln. Sie erfahren, welche Lebensmittel empfindlich sind, welche einfach und welche schwierig zu schneiden sind, und sie entdecken auch ganz neue Lebensmittel. Am Anfang bereiten Kinder kleine Mahlzeiten aus Obst und Gemüse zu. So haben sie schon zu Be-

ginn richtige Erfolgserlebnisse. Später können sie Brötchen backen, Brotaufstriche zubereiten oder eine Suppe kochen. Kleine Beiträge zum Mittagessen oder zum Nachmittagssnack bereiten die stolzen Köche dann selber zu.

Wenn es in der Küche richtig professionell zugeht, macht es den Kindern noch mehr Spaß. Dazu gehören die Hygiene- und Sicherheitsregeln (➜ S. 18 ff) genauso wie schicke Kleidung, z. B. Kinderschürzen oder sogar Kochmützen.

# Hasenteller für Naschkatzen

*Kinder naschen zum zweiten Frühstück oder zum Nachmittagssnack gerne leckere Obst- und Gemüseschnitze. Die Zubereitung des bunten Hasentellers ist ein guter Einstieg für die Köche und eignet sich auch für jüngere Kinder.*

## Material / Zutaten

- Frisches Obst und Gemüse der Saison
- Evtl. Apfelschneider
- Evtl. Sparschäler für Möhren
- Schüsseln
- Papiertücher
- 1 großer Teller

## Zubereitung

Die Kinder waschen das Obst und Gemüse, trocknen es gut ab und legen es in eine Schüssel.

Mit der Schüssel gehen sie zu ihrem Arbeitsplatz und starten mit dem Kleinschneiden der Zutaten (Achtung: Immer auf die Katzenkralle achten, → S. 20).

Äpfel und Birnen können gut mit dem Apfelschneider entkernt und geteilt werden. Melonen schnei-

### TIPP

Besonders spannend ist es für die Kinder, wenn sie die Zutaten für den Hasenteller auf dem Wochenmarkt selber einkaufen oder im eigenen Naschgarten ernten können.

den die ErzieherInnen vorher mit einem großen Messer in kleinere Teile.

Für jüngere Kinder muss auch die Schale der Melone entfernt werden.

Das Schälen (oder Abkratzen) der Möhrenschale mit dem Sparschäler erfordert etwas Übung und ist als Aufgabe eher für die älteren Kinder geeignet.

Ist das Obst und Gemüse mundgerecht geschnitten, richten es die Kinder auf einem großen Teller an.

Dabei entstehen schöne Arrangements, die nicht nur gut aussehen, sondern auch lecker und gesund sind.

### VORSICHT!

Lebensmittel mit einem hohen Wassergehalt wie Obst und Gemüse haben den Vorteil, dass sie aus hygienischer Sicht unproblematisch sind. Sie verderben sichtbar, d. h. sie bilden Schimmel oder gären, was für alle leicht erkennbar ist. Ungeeignet sind dagegen Lebensmittel, die sehr viel Eiweiß enthalten (z. B. Fleisch, Fisch, Eier), die leicht und für das Auge unsichtbar verderben. Sie können zu schweren Lebensmittelinfektionen (z. B. durch Salmonellen) führen.

# Eltern machen mit

Viele Kinder erleben den Kindergarten wie ein zweites Zuhause, und sie werden von den Erfahrungen, die sie dort machen, ebenso geprägt wie von ihrem Elternhaus. Das gilt auch und besonders für das Thema „Essen", weil es viele Aspekte des Alltags berührt. So kommen die Kinder mit den Vorlieben und Abneigungen in den Kindergarten, die sie zuhause gelernt haben. Sie bringen mehr oder weniger ausgeprägte Tischsitten und Rituale rund ums Essen mit. Manche wissen viel, andere wenig über Anbau und Zubereitung von Lebensmitteln, und alle haben zuhause eine persönliche Haltung gegenüber Lebensmitteln erlernt.

Allzu oft entspricht das nicht dem, was der Kindergarten an Verhalten erwartet oder vermitteln möchte. Dann ist es hilfreich, wenn Eltern und KindergartenmitarbeiterInnen an einem Strang ziehen und zusammenarbeiten. Das hört sich abstrakt zunächst einfach an, ist aber in der Praxis oft mühselig, weil sehr verschiedene Interessen, Einstellungen und kulturelle Hintergründe aufeinandertreffen. Für die Kinder ist es aber hilfreich, wenn sie nicht in zwei völlig unterschiedlichen und voneinander getrennten Lebenswelten aufwachsen.

Essen ist eng verbunden mit unserer sozialen, kulturellen, teils auch religiösen Identität. Vieles, was wir in diesem Zusammenhang tun und empfinden, ist nicht rational begründet. Das macht es schwer, kurzfristig Verhaltensänderungen durchzusetzen – jeder, der es selbst einmal mit einer Diät versucht

hat, hat einen kleinen Einblick in diese komplizierten Zusammenhänge bekommen.

Die Eltern sollten den Kindergarten kennenlernen, sich darin wohlfühlen und Vertrauen entwickeln, damit auch sensiblere Themen wie der Umgang mit Essen angesprochen werden können. Weil das am besten im gemeinsamen Tun und Erleben geschieht, sollten sie an möglichst vielen Aktivitäten beteiligt werden, besonders an solchen, die mit dem Thema Essen zu tun haben. Möglich ist hier vieles, z. B. die Mithilfe beim Aufbau und bei der Pflege des Naschgartens, bei der Organisation des Kindergartenfestes oder etwa die Begleitung bei einem Ausflug zum Obstbauern.

## Eltern wissen, was passiert

Es ist wichtig, den Eltern zu zeigen, wie ihre Kinder im Kindergarten leben. Im Eingangsbereich kann die Einrichtung den Speiseplan ausstellen (→ S. 208) sowie Fotos, Plakate, Zeichnungen und Bastelarbeiten, die darüber informieren, wie der Kindergarten mit den Kindern zum Thema Ernährung arbeitet. Einige Kindergärten schreiben auf eine Tafel oder in ein großes Buch (ideal z. B. ein Buch mit Tapetenmustern), was die Kinder am Tag gemacht haben.

Schon im Anmeldegespräch sollte mit den Eltern besprochen werden, wie im Kindergarten mit den Themen Frühstück, Geburtstag, Süßigkeiten und Getränke umgegangen wird. Es kann hilfreich sein, sich diese Eckpunkte von den Eltern unterschreiben zu lassen. Für viele Familien ist es nicht leicht, die Vorgaben des Kindergartens umzusetzen, deshalb sollte der Kindergarten die Eltern auch bei der heimischen Umsetzung unterstützen. Im Rahmen eines Elternabends können die Eltern beispielsweise erfahren, wie der Inhalt einer gesunden Brotdose aussieht und welche Lebensmittel nicht geeignet sind für die Verpflegung von Kindergartenkindern.

# Ein Elternabend zum Thema gesunde Ernährung

Auf einem Elternabend können die ErzieherInnen den Eltern deutlich machen, wie sie mit dem Thema Ernährung umgehen möchten und was die Gründe für bestimmte Regelungen sind. Die Eltern sollten zunächst wissen, dass sich Kinder schon weitgehend gesund ernähren, wenn sie abwechslungsreich essen und viel trinken (➜ „Basiswissen gesunde Ernährung" S. 12). Regeln und Rituale beim Essen geben den Kindern im Kindergarten und zuhause Halt und sind ein wichtiger Bestandteil der Ernährungserziehung (➜ „Essen im Kindergartenalltag" S. 190). Welche Regeln genau dem Kindergarten wichtig sind, kann daraus gut abgeleitet werden. Diese Themen müssen nicht nur theoretisch behandelt werden, die Eltern können auch vieles selbst ausprobieren. Dazu sind die folgenden Stationen gut geeignet.

## Station „Brotdose und Kinderlebensmittel"

Hier liegen Brotdosen bereit, die mit belegten Vollkornbroten, Obst- und Gemüseschnitzen oder einem Milchprodukt gefüllt sind (➜ „Brotdosen" S. 196). Daneben finden sich verschiedene Kinderlebensmittel, die nicht in die Brotdose gehören, sowie die in ihnen enthaltene Zuckermenge als Zuckerwürfel (➜ „Kinderlebensmittel" S. 197). Eine Schale mit der Höchstmenge Zucker, die am Tag für Kindergartenkinder empfohlen wird, sollte nicht fehlen, weil dann leicht zu sehen ist, wie schnell diese Menge mit den üblichen Kinderlebensmitteln überschritten wird.

## Station „Saftarten"

An dieser Station können die Eltern unterschiedliche Saftarten testen (➜ „Den Unterschied schmecken" S. 215). Den meisten fällt schnell auf, dass Fruchtnektar und Fruchtsaftgetränke deutlich wässriger und zugleich süßer schmecken als 100%iger Fruchtsaft. Wenigen Eltern ist jedoch bewusst, dass in üblichen Trinkpäckchen häufig solche stark zuckerhaltigen Fruchtsaftgetränke enthalten sind.

## Station „Sinne"

Die Eltern können an Kräutern oder Gewürzen schnuppern, Lebensmittel in Kartons erfühlen oder herausfinden, welche Joghurt- oder Obstsorte sie schmecken (➜ „Noch mehr Sinnesspiele" S. 160). Sie lernen auf diese Weise auch noch einmal kennen, wie viel es für die Kinder an Sinneseindrücken in den ersten Jahren zu entdecken gilt und wie viele Geschmacksnuancen es außer „süß" noch gibt.

Ein Elternabend kann aus einer oder mehreren Stationen bestehen, er kann vielfach weiter ergänzt werden, z. B. mit einer Rätselstation (➜ „Märchen-Rätsel" S. 128). Und mit einem kleinen gesunden Snack kann das Thema noch einmal sinnlich erfahrbar werden – besonders schön ist das, wenn die Speisen von den Kindern vorbereitet wurden (➜ „Hasenteller für Naschkatzen" S. 210).

**TIPP**

Die Zuckerausstellung von der Brotdosen-Station interessiert bestimmt auch die Eltern, die nicht zum Elternabend kommen konnten, und könnte für die nächsten Tage einfach stehen bleiben.

# Den Unterschied schmecken

*Auf der Packung oder der Flasche eines Saftes steht immer, um welche Saftart es sich handelt und wie hoch der Fruchtsaftgehalt ist: 100 % Fruchtsaftgehalt bei Fruchtsaft, 25–30 % Fruchtsaftgehalt bei Fruchtnektar und 6–30 % bei Fruchtsaftgetränken. Der niedrigere Fruchtsaftanteil wird durch Wasser, Zucker und Zusatzstoffe ersetzt. Schon an der Farbe und dem Geschmack sind die einzelnen Saftarten leicht zu unterscheiden! Sehr anschaulich werden die Unterschiede, wenn neben den Saftarten die zugesetzte Zucker- und Wassermenge in einer Schale bzw. einer Flasche steht.*

## Material / Zutaten

- Orangenfruchtsaft
- Orangennektar
- Orangenfruchtsaftgetränk
- Evtl. Orangen
- Glaskannen, Gläser, Flaschen
- Schalen
- Würfelzucker
- Karten mit Nummern

## Anleitung

Die verschiedenen Saftarten in Glaskannen füllen. In kleine Schalen Würfelzucker entsprechend der Menge geben, die dem Saft zugesetzt ist.

Das Wasser, das der Saft enthält, in Flaschen füllen.

Daneben können Orangen in der Anzahl gelegt werden, die in dem Saft enthalten ist.

Jeder Saft bekommt eine Nummer. Wer ordnet der Nummer die richtige Saftart zu?

Fruchtsaftgetränk: 6–30 % Fruchtgehalt (= eine Orange), Zusatz von 26 Zuckerwürfeln und 860 ml Wasser

Fruchtnektar: 25–50 % Fruchtgehalt (= 5 Orangen), Zusatz von 13 Zuckerwürfeln und 660 ml Wasser

Fruchtsaft: 100 % Fruchtgehalt (= 15 Orangen), keine Zusätze

# Eltern kochen gemeinsam

Eine andere Möglichkeit, Eltern für das Thema gesunde Ernährung zu begeistern, sind Kochgruppen. Eltern treffen sich dazu mehr oder weniger regelmäßig im Kindergarten und kochen – möglichst unter fachkundiger Anleitung – gemeinsam einfache saisonale Gerichte.

Beim gemeinsamen Kochen kommen die Eltern schnell ins Gespräch und diskutieren, welches Öl zum Anbraten gut ist, warum Zitronensaft das Obst nicht braun werden lässt und wie ihr Kind gesünder essen kann. Sie haben zusammen Spaß am Kochen und probieren viel Neues aus. Beim gemeinsamen Essen ist Zeit, die begonnenen Gespräche fortzusetzen. Kochgruppen können in jedem Kindergarten stattfinden; es ist nur wichtig, dass sich jemand findet, der die Eltern anspricht und zusammen mit ihnen die Termine plant. Die Lebensmittel können Eltern mitbringen, die Materialien und die Küche stellt meist der Kindergarten zur Verfügung.

In der Praxis kommen ganz verschiedene Varianten der Terminplanung vor: Ist eine separate Küche vorhanden, können sich die Eltern schon während der Betreuungszeiten treffen, ohne den Küchenablauf zu stören. Vielleicht sollen die Kinder auch beim Kochen mit dabei sein, dann beginnt der Kurs direkt nach der Betreuungszeit, oder die Eltern treffen sich mit Rücksicht auf die voll Berufstätigen erst am Abend.

| Checkliste zur Planung und Durchführung einer Kochgruppe | |
|---|---|
| **Verantwortlichkeiten** | 1–2 Mitarbeiter aus dem Kindergarten als feste Ansprechpartner für die Kochgruppe |
| **Raum** | Separate Küchenzeile (Kinderküche oder Hort) oder Kindergarten-Küche (nach Abstimmung mit den Hauswirtschaftskräften) |
| **Ausstattung** | Gesonderte Kiste mit Schneidebrettern, Messern o. Ä. oder Material aus der Kindergarten-Küche (nach Abstimmung mit den Hauswirtschaftskräften) |
| **Terminwahl** | Während der Betreuungszeiten in separater Küche oder nach dem Mittagessen in der Kindergarten-Küche: nachmittags (ggf. mit Kindern) oder abends |
| **Zeitbedarf** | ca. 2–3 Stunden, 1mal im Monat |
| **Rezepte** | Ggf. Start mit Rezepten aus dem Kindergarten, dann zusätzlich von Eltern eingebrachte Rezepte |
| **Lebensmittel** | Zentraler Einkauf durch den Kindergarten mit Umlage von den Eltern oder Eltern bringen Lebensmittel mit (Verteilung durch Kindergarten) |
| **Bekanntmachung** | Aushänge mit Liste zum Eintragen (verbindliche Anmeldung) Direkte Ansprache der Eltern und Elternvertreter |
| **Ablauf** | 1. Vorbereitung der Arbeitsplätze (Material, Lebensmittel) 2. Besprechung der Rezepte 3. Zubereitung des Essens 4. Gemeinsames Essen 5. Gemeinsames Aufräumen |

# Eltern bringen etwas mit

Bei Festen oder zum Geburtstag des Kindes bringen die Eltern oft selbstgekochte Speisen von zuhause mit oder helfen bei der Zubereitung im Kindergarten. Wenn die Einrichtung das grundsätzlich erlauben will, sollten die Eltern mit einem Infoblatt über Hygieneregeln (➜ S. 18 ff) informiert werden, worauf sie achten müssen. Dazu gehört etwa, dass in keinem Fall Speisen aus rohen Eiern oder rohen Eibestandteilen mitgebracht werden dürfen und dass Hackfleisch oder Geflügel frisch und gut durchgebraten sein müssen. In Zweifelsfällen kann man sich mit Fragen rund um Hygiene und Lebensmittelrecht an das Gesundheitsamt und an Vertreter der Lebensmittelüberwachung (www.le bensmittel.org) wenden. Unabhängig von den Hygienegrundsätzen kann der Kindergarten diese Gelegenheit nutzen und eigene Regeln formulieren, z. B. dass nur gesunde Lebensmittel von den Eltern mitgebracht werden dürfen usw.

Das kann von Bedeutung sein, weil das Budget für das Essen im Kindergarten häufig sehr eng bemessen ist, was dann in der Regel dazu führt, dass vor allem an frischem Obst und Gemüse gespart wird. So kann es sein, dass eine Einrichtung hier auf die Unterstützung der Eltern angewiesen ist. In manchen Einrichtungen besteht die Regelung, dass die Eltern ihren Kindern ein- bis zweimal in der Woche ein Stück Obst und Gemüse für die gemeinsame Verpflegung mitgeben. Die Speisen werden gesammelt und von den Kindern im Laufe der Woche zu Hasentellern (➜ S. 210) verarbeitet.

# Naschgarten

Einen eigenen Garten haben Kinder in der Stadt selten, und so fehlt ihnen häufig auch das Verständnis, woher Lebensmittel kommen und wie sie wachsen. Viele Einrichtungen legen daher einen kleinen Naschgarten an, in dem die Kinder gut verfolgen können, wie sich die Natur im Jahreslauf entwickelt. Sie sehen, wie aus dem Saatkorn die Pflanze entsteht und wie die Früchte wachsen, die sie essen können. Wenn sie die Pflanzen selber gezogen haben, probieren sie „ihre" Früchte lieber als solche aus dem Supermarkt: Frisch gepflückte Tomaten vom Strauch schmecken viel besser als die gekauften, und bei den eigenen Himbeeren stören die körnigen Samen kaum noch.

Durch den Naschgarten lernen die Kinder nicht nur unmittelbar, wie und wo das wächst, was sie am Tisch essen. Sie lernen auch, wie viel Aufwand bis zur Ernte getrieben werden muss, und sie erleben, dass Lebensmittel nicht unbegrenzt zur Verfügung stehen. Manche Pflanzen müssen das ganze Jahr über gepflegt werden, damit die Kinder eine kurze Zeit von ihnen ernten können. Wie kostbar Lebensmittel sind und wie sie mit den wechselnden Jahreszeiten zusammenhängen, können die Kinder hier praktisch erleben.

Ein Naschgarten muss nicht groß sein, und er passt in jeden Kindergarten. Schon bei einem Blumentopf auf der Fensterbank sehen die Kinder, wie sich aus den Samen kleine Pflanzen entwickeln. Gut geeignet sind dafür Kräuter und Kresse (→ S. 52), aber auch Bohnen. Auch auf der Terrasse oder auf einem Balkon ist genug Platz, dass die Kinder Tomaten und Erdbeeren pflanzen können, von denen sie später naschen. Wenn Platz für ein Beet ist, steht den Kindern auch eine Vielfalt an heimischem Obst und Gemüse offen, das sie pflanzen können.

# Anlage des Naschgartens

Ein Naschgarten muss im Vorfeld gut geplant werden, damit es nicht zu Enttäuschungen bei den jungen Gärtnern kommt. Dabei müssen auch der Standort, der jeweilige Pflegeaufwand und die Kosten berücksichtigt werden. Die Beete sollten für die Kinder gut erreichbar sein. Sie müssen aber auch ein wenig geschützt liegen, damit sie nicht bei lebhaftem Spielen Schaden leiden.

Es stehen verschiedene Formen eines Naschgartens zur Wahl: Ein kleines ebenerdiges Beet ist schnell angelegt, muss aber meist durch einen Zaun vom übrigen Gelände abgetrennt werden. Damit die Kinder ihre Pflanzen gut pflegen können, werden kleine Pfade oder Plattenwege angelegt. Eine originelle und sehr praktische Variante ist ein Beet im Schachbrettmuster, in dem sich quadratische Gehwegplatten und kleine Beete als Felder abwechseln. In einem Hochbeet gedeihen die Pflanzen gut und geschützt, und sie sind für die Kinder trotzdem leicht zu erreichen. Allerdings sind Hochbeete zunächst kostenintensiver und sie erfordern meist auch einen höheren Pflegeaufwand. Eine weitere Möglichkeit sind Kräuterspiralen. Sie bieten viele gestalterische Möglichkeiten, sind allerdings in der Regel auch aufwendiger anzulegen und zu pflegen. Ganz anders ist es mit einzelnen Beerensträuchern oder Obstbäumen: Sie brauchen kaum Platz, die Kinder müssen sie nur wenig pflegen, aber in guten Jahren können sie reichlich von ihnen ernten.

Egal für welche Form sich der Kindergarten entschieden hat, die Lage des Naschgartens muss sorgfältig ausgesucht werden, damit die Pflanzen gut gedeihen: Die meisten Pflanzen für einen Naschgarten mögen es eher sonnig. Und nicht nur bei der Planung, auch später beim Anlegen können die El-

**TIPP**

Einige Kleingartenvereine bieten Führungen an oder sogar die Möglichkeit, eine Kleingartenparzelle für den Kindergarten kostengünstig zu mieten.

tern gut mit anpacken und zum Erfolg des Vorhabens beitragen.

Die Wege zwischen den einzelnen Beeten können mit Kies, Rindenmulch und Steinen unterschiedlich gestaltet werden – so entsteht von ganz alleine ein Fühlpfad. Vor dem Bepflanzen muss der Boden meist durch die Einarbeitung z. B von Kompost oder Hornspänen verbessert werden, so dass er genügend Nährstoffe für die Pflanzen enthält.

Bei der Auswahl der Pflanzen ist zu berücksichtigen, dass die Früchte nicht gerade dann reif werden, wenn der Kindergarten geschlossen ist oder wegen der Ferien nur wenige Kinder da sind. Exotische Sorten eignen sich meist nicht so gut, weil sie die klimatischen Bedingungen ihres Herkunftslandes brauchen. Heimische Beerensträucher und Obstbäume wachsen im Kindergarten dagegen gut und benötigen wenig Pflege. Gut geeignet sind Pflanzen, die mehrmals im Jahr Früchte tragen und von denen die Kinder mehrfach ernten können. Sehr beliebt sind auch kleine Früchte, die man direkt in den Mund stecken kann. Im Handel werden inzwischen auch kleinfruchtige Varianten von Tomaten, Gurken oder Karotten angeboten.

Damit die Kinder rasch gute Erfolge sehen, sollten einige Pflanzen vorgezogen gekauft werden. Wenn jedes Jahr unterschiedliches Gemüse gepflanzt wird, laugt der Boden nicht so stark aus und die Pflanzen gedeihen besser.

| Checkliste: Anlegen eines Naschgartens | |
|---|---|
| **Planung** | • Pflanzplan entwerfen (Auswahl nach Pflanzensorten und -gruppen, z. B. Kräuterecke, Blüh- bzw. Erntezeit, Standort)<br>• Auswahl des Platzes (sonnig, gut erreichbar für Kinder)<br>• Form des Naschgartens (Budget, Pflegeaufwand?)<br>• Verantwortlichkeiten klären (Krankheitsvertretung, Urlaub?) |
| **Umsetzung** | • Abgrenzen des Gartens mit einem Zaun<br>• Gestaltung der Wege zwischen den Beeten (Kies, Rindenmulch, Steine, Bodenplatten)<br>• Bodenvorbereitung und -verbesserung (Einarbeiten von Kompost, Hornspänen o. Ä.)<br>• Auswahl der Pflanzen (kleinfruchtig, mehrmals tragend, an heimische Bedingungen angepasst)<br>• Pflanzen und Gießen |

# Pflege des Naschgartens

Zu jeder Jahreszeit werden kleine und große Gärtner gebraucht: Obst und Gemüse müssen gesät oder gepflanzt werden, in einem warmen Sommer muss täglich gegossen werden, und schließlich will auch die Ernte eingebracht werden. Daher ist es unerlässlich, dass schon vorab geklärt wird, wer in der Einrichtung für den Garten zuständig ist und wer die Pflege koordiniert. Wie auch immer die Arbeiten im Einzelnen organisiert sind, Urlaube und Krankheitsvertretungen müssen in die Planung einbezogen werden. Im Alltag sollten sich vor allem die Kinder um den Garten kümmern: Die Gruppen können sich beim Gießen im Sommer abwechseln, oder eine feste Gartengruppe übernimmt die ganze Gartenpflege. Auch die Eltern können gut mit einbezogen werden, z. B. beim Unkrautjäten im Frühling oder bei den Aufräumarbeiten im Herbst.

## Gartenpflege im Jahreslauf

*Was genau zu welcher Zeit im Garten zu tun ist, ist schwer zu sagen, weil sich die Bedingungen nicht nur von Standort zu Standort, sondern auch von Jahr zu Jahr stark unterscheiden können. Der folgende Überblick soll daher vor allem einen Eindruck verschaffen, was innerhalb eines Jahres in einer ungefähren Reihenfolge zu tun ist.*

| | |
|---|---|
| **Januar** | • Pflanzen auf der Fensterbank ziehen: Kräuter, Sprossen, Bohnen<br>• Feldsalat ernten |
| **Februar** | • Pflanzen auf der Fensterbank ziehen: Kräuter, Sprossen, Bohnen, Sellerie<br>• Erste Zwiebeln und Schalotten pflanzen<br>• Obstbäume und Beerensträucher pflanzen, sofern Boden frostfrei ist<br>• Erste Frühboten im Garten suchen, z.B. Schneeglöckchen, Krokusse |
| **März** | • Beete von Winterresten wie altem Laub befreien<br>• Obstbäume und Beerensträucher pflanzen<br>• Zwiebeln und Schalotten pflanzen<br>• Erste Kartoffeln pflanzen (im Topf oder im Beet mit Folie abgedeckt)<br>• Erste Samen ins Beet säen<br>• Erste Stecklinge (z.B. Pflücksalat, Kohlrabi, Zucchini, Tomate) auspflanzen, bei Frost abdecken |
| **April** | • Boden auflockern, Unkraut entfernen und Kompost o.Ä. einarbeiten<br>• Kartoffeln pflanzen<br>• Zwiebeln und Schalotten pflanzen<br>• Obstbäume und Beerensträucher pflanzen<br>• Samen ins Beet säen<br>• Stecklinge auspflanzen |
| **Mai** | • Töpfe und Beete bepflanzen, z.B. mit Erdbeeren<br>• Samen ins Beet säen<br>• Beetpflege: Unkraut entfernen, Boden leicht auflockern und gießen |
| **Juni** | • Hochbeet bepflanzen<br>• Salat, Bohnen, Zucchini, Tomaten ins Beet pflanzen<br>• Erste Zwiebeln und Schalotten ernten<br>• Radieschen ernten<br>• Erste Erdbeeren, Stachelbeeren und Kirschen naschen<br>• Verblühte Blüten und Blumensamen sammeln (➜ „Gesammelte Blumenvielfalt" S. 78, „Blumige Duftsäckchen" S. 111)<br>• Kräuter vor der Blüte ernten und verarbeiten („Kräuterwürfel" S. 36, „Wohltuende Teebeutel" S. 109)<br>• Beetpflege: v.a. gießen, vertrocknete Pflanzenteile entfernen |

## Gartenpflege im Jahreslauf

| | |
|---|---|
| **Juli** | <ul><li>Beerenobst und Kirschen naschen</li><li>Zwiebeln, Schalotten und erste Kartoffeln ernten</li><li>Gemüse ernten, z. B. Salat, Möhren, Kohlrabi, Tomaten</li><li>Verblühte Blüten und Blumensamen sammeln (→ „Gesammelte Vielfalt" S. 78, „Blumige Duftsäckchen" S. 111)</li><li>Kräuter vor der Blüte ernten und verarbeiten („Kräuterwürfel" S. 36, „Wohltuende Teebeutel" S. 109)</li><li>Beetpflege: v. a. gießen, vertrocknete Pflanzenteile entfernen</li></ul> |
| **August** | <ul><li>Beerenobst naschen</li><li>Gemüse ernten, z. B. Tomaten, Zucchini, Möhren</li><li>Letzten Spinat, Pflücksalat und Kürbis säen</li><li>Verblühte Blüten und Blumensamen sammeln (→ „Gesammelte Vielfalt" S. 78, „Blumige Duftsäckchen" S. 111)</li><li>Kräuter vor der Blüte ernten und verarbeiten („Kräuterwürfel" S. 36, „Wohltuende Teebeutel" S. 109)</li><li>Beetpflege: v. a. gießen, vertrocknete Pflanzenteile entfernen, verdorbenes Fallobst entsorgen (zieht Wespen an), früchtetragende Zweige von Himbeeren und Brombeeren nach der Ernte bodennah abschneiden, alte dunkle Zweige von Johannisbeeren und Stachelbeeren entfernen</li></ul> |
| **September** | <ul><li>Herbstzeit ist Erntezeit: Frühäpfel pflücken, Gemüse und Getreide ernten</li><li>Verblühte Blüten und Blumensamen sammeln (→ „Gesammelte Vielfalt" S. 78, „Blumige Duftsäckchen" S. 111)</li><li>Kräuter vor der Blüte ernten und verarbeiten („Kräuterwürfel" S. 36, „Wohltuende Teebeutel" S. 109)</li><li>Beetpflege: gießen, vertrocknete Pflanzenteile entfernen, verdorbenes Fallobst entsorgen</li></ul> |
| **Oktober** | <ul><li>Äpfel, Spinat, Kürbis und Kartoffeln ernten</li><li>Obstbäume und Beerensträucher pflanzen</li><li>Beetpflege: verdorbenes Fallobst entsorgen, vertrocknete Pflanzenteile entfernen, Pflanzen zurückschneiden</li></ul> |
| **November** | <ul><li>Äpfel und Kartoffeln ernten, verarbeiten oder einlagern</li><li>Obstbäume und Beerensträucher pflanzen</li><li>Beetpflege: Boden nicht mehr freiharken (Blätter schützen vor Kälte)</li><li>Aufräumarbeiten für den Winter: Geräte winterfest machen (säubern, ölen), Pflanztöpfe o. Ä. an einen geschützten Ort räumen</li></ul> |
| **Dezember** | <ul><li>Pflanzen auf der Fensterbank ziehen: Kräuter, Sprossen, Bohnen</li><li>Beetpflege: Boden nicht mehr freiharken (Blätter schützen vor Kälte)</li></ul> |

## Erntezeit im Naschgarten

*Die Entscheidung, was im Naschgarten angepflanzt werden soll, hängt auch davon ab, was zu welcher Zeit geerntet werden kann. Die folgende Übersicht soll eine kleine Orientierungshilfe hierfür sein.*

| Erntegut | Erntezeit |
| --- | --- |
| **Obstbäume** | |
| **Süßkirsche (wird groß):** | |
| • Große schwarze Knorpelkirsche | Mitte Juli |
| • Burlat | Mitte Juni |
| • Büttners Rote Knorpelkirsche | Anfang Juni |
| | |
| **Äpfel (die sofort gegessen werden können):** | |
| • Cox Orange Renette | November |
| • Roter James Grieve | September–Oktober |
| • Ingrid Marie | November |
| | |
| **Birnen:** sind krankheitsanfällig | August–Oktober |
| **Haselnüsse:** als Sträucher im normalen Gartenbereich | September–Oktober |
| | |
| **Beerensträucher** | |
| **Johannisbeeren:** | |
| • Rondom | Juli |
| • Red Lake | Anfang Juli |
| • besonders mild: weiße Johannisbeere | Juli |
| | |
| **Stachelbeeren (nur mehltauresistente Arten wählen):** | |
| • Hinnonmäki grün | Ende Juni–Juli |
| • Invicta | Ende Juni–Juli |

## Erntezeit im Naschgarten

### Himbeeren (im abgegrenzten Bereich am Rand):

| | |
|---|---|
| • Korbfüller | Mitte August |
| • Schönemann | August |
| • Polka, Autumn Bliss oder Golden Bliss (madenfrei) | Mitte–Ende Oktober |

### Erdbeeren (alternativ vorgezogene Pflanzen):

| | |
|---|---|
| • Walderdbeeren | Juli–September |
| • Monatserdbeeren | Mai–Oktober |

| | |
|---|---|
| **Physalis** | August–Oktober |
| **Brombeeren** (stachellos) | Juli–August |
| **Mini-Kiwi** (Actinidia arguta: Weiki-Kiwi) | Oktober–November |

### Gemüse (Auswahl)

### Salat (am Anfang vorgezogene Pflanzen, später Aussaat):

| | |
|---|---|
| • Pflücksalat (äußere Blätter pflücken) | ab Juni |
| • Rucola | ab Juni |
| • Feldsalat | November–Februar |

### Bohnen:

| | |
|---|---|
| • Stangenbohnen (optisch ansprechend) | Mitte Juli–Mitte Oktober |
| • Buschbohnen (für Kinder gut erreichbar) | Juli–August |

| | |
|---|---|
| **Erbsen** (können direkt vom Strauch gegessen werden) | Ende Juni–Mitte September |
| **Kartoffeln** (können über Sommerferien im Boden gelassen werden) | Juni / Juli oder Oktober |

## Erntezeit im Naschgarten

**Tomaten** (pflegeaufwendig, vertragen keinen direkten Regen von oben, besser im Topf):

| | |
|---|---|
| • Wildtomaten (pimpinellenblättrig) | Juli–Oktober |
| • Große Fleischtomaten | Juli–Oktober |

| | |
|---|---|
| **Kleinfruchtige Gurken** (z. B. Melotrika) | Mitte Juli–September |
| **Paprika** | August–Oktober |
| **Radieschen** | Juni–September |
| **Eiszapfen** (längliche, weiße Radieschen) | Juli–September |
| **Karotten** (z. B. Pariser Markt: kleine, runde Karotten) | Juni–Mitte Juli |
| **Kürbis** | September–Anfang November |
| **Zucchini** (bei Sonne und nährstoffreichem Boden reiche Ernte) | Juli–Mitte Oktober |
| **Kohlrabi** | Mitte Juni–Mitte September |
| **Zwiebeln** | Juli–Oktober |

**Küchenkräuter**
z. B. Pfefferminze, Thymian, Salbei, Schnittlauch, Petersilie, Zitronenmelisse

**Duft- und Geschmackskräuter**
z. B. Süßkraut, Schokoladen-Kosmee, Kaugummipflanze (Chrysanthemum balsamita), Gummibärchenblume (Cephalophora aromatica)

**Blumen**

| | |
|---|---|
| **Kapuzinerkresse** (am Zaun ranken lassen, hübsch und scharf) | Juni–Oktober |

# Kniffliges **Quiz** zu den Lebensmittelgruppen

*Gerade älteren Kindern macht dieses Quiz Spaß und es zeigt, wie viel die Kinder schon über Lebensmittel wissen. Zu jeder Lebensmittelgruppe (➜ S. 15–17) gibt es mehrere Fragen, die sich je nach dem Alter der Kinder und natürlich dem Wissensstand unterscheiden. Wenn in der Kita eine Lebensmittelpyramide (➜ S. 14) vorhanden ist, können die Fragen auch in der Systematik der Pyramide an die Wand geheftet werden (Fragen zu Getränken, zu Getreide etc.). Ansonsten werden nur einige Fragen aus einer Lebensmittelgruppe gestellt.*

## Material
- Karteikarten
- Evtl. frische Lebensmittel, Becher o. Ä. als Demonstrationsobjekte

## Vorbereitung
Auf Karteikarten Fragen zu einzelnen Lebensmitteln oder Lebensmittelgruppen schreiben (s. u.).

## Anleitung
Die Kinder verteilen sich auf zwei Gruppen und beantworten jeweils eine Frage. Haben sie richtig geantwortet, bekommen sie die Karte mit der jeweiligen Frage. Wer am Ende die meisten Karten hat, hat das Quiz gewonnen. Die andere Gruppe kann dafür z. B. den nächsten Tischdienst übernehmen.

## Fragenbeispiele Obst / Gemüse

- Wo wächst … Kartoffel, Kirsche, Johannisbeere, Erdbeere, Kohl, Karotte, Kürbis, Banane?
  - **Antwort:** unter der Erde, Baum, Strauch, auf der Erde …
- Bring die Zubereitung von Obstspießen in eine Reihenfolge: Schneiden, Einkaufen, Waschen, Essen, Aufspießen.
  - **Antwort:** Einkaufen, Waschen, Schneiden, Aufspießen, Essen …

## Kleine Rätsel

Erst weiß wie Schnee,
dann grün wie Klee,
dann rot wie Blut,
schmeckt allen Kindern gut.
(Die Kirsche)

Der arme Tropf
hat einen Hut und keinen Kopf.
Und hat dazu
nur einen Fuß und keinen Schuh.
(Der Pilz)

Im Wald wächst es,
ist erst grün, dann blau und rund.
Wer es isst, kriegt einen blauen Mund.
(Blaubeere)

Ich habe keinen Schneider
und habe doch sieben Kleider.
Wer sie mir auszieht, der muss weinen,
und sollt er noch so fröhlich sein.
(Zwiebel)

## Variante

Für Vorschul- oder Hortkinder ist es noch spannender, wenn auf der Rückseite der Quizkarte entsprechend dem Schwierigkeitsgrad die Punkte stehen, die sie bekommen, wenn sie die Frage richtig beantwortet haben.

# Weitere Fragenbeispiele zu verschiedenen Themen

## Getränke

- Wie viele Gläser sollt ihr am Tag trinken: 3, 6 oder 9?
  - ○ **Antwort:** 6
- Nenne drei gesunde Durstlöscher.
  - ○ **Antwort:** Wasser, Mineralwasser, Saftschorle, Kräuter- oder Früchtetee, → S. 181.

Für ältere Kinder:

- Ist ein Trinkpäckchen besser als Eistee? Warum?
  - ○ **Antwort:** Nein, beide enthalten zu viel Zucker, → S. 199.
- Welcher Saft hat mehr Frucht (oder ist gesünder): Limo, Fruchtsaft, Trinkpäckchen?
  - ○ **Antwort:** Fruchtsaft. Enthält nur fruchteigenen Zucker, sollte aber deswegen und aufgrund der Fruchtsäure immer verdünnt werden, → S. 182.
- Denkt euch einen Werbespruch aus, damit Kinder mehr trinken. Je cooler, desto besser!

## Getreide

- Was ist der Unterschied zwischen Vollkorn- und Weißmehlprodukten?
  - ○ **Antwort:** Anteil der Schale ist beim Vollkorn größer, macht länger satt und ist gesünder, → S. 178.
- Was bringt mehr und länger Kraft? Fladenbrot, Croissant, normales Brötchen, Vollkornbrot, Graubrot, Schokohörnchen

  - ○ **Antwort:** Vollkornbrot, Anteil der Schale ist beim Vollkorn größer, macht länger satt und ist gesünder.
- Nenne einen zahnfreundlichen Brotbelag.
  - ○ **Antwort:** Käse, Wurst, Tomaten- oder Gurkenscheiben …

Für ältere Kinder:

- Was gehört zu einem Powerfrühstück, das lange satt macht und Kraft gibt?
  - ○ **Antwort:** Getränk, Vollkornbrot mit Käse oder Wurst, Milch- oder Milchprodukt wie Joghurt, → S. 196.
- Wie gesund sind Frühstückscerealien?
  - ○ **Antwort:** Frühstückscerealien sind meist sehr zuckerreich. Wenn, dann mit Haferflocken und frischem Obst kombinieren, → S. 170.

## Milch/-produkte, Fleisch, Fisch, Eier

- Nenne drei verschiedene Lebensmittel, die man aus Milch macht.
  - ○ **Antwort:** Joghurt, Käse, Quark, Kefir, Dickmilch oder auch Pfannkuchen, Milchbrötchen o.Ä., → S. 183.
- Was macht die Zähne und Knochen stark: Saft, Brot, Wurst, Gummibärchen oder Milch?
  - ○ **Antwort:** Milch, → S. 183.

Für ältere Kinder:

- Welche Wurst hat viel, welche wenig Fett: Schinken, Mortadella, Leberwurst, Putenbrust, Salami oder Kasseler?
  - ○ **Antwort:** wenig Fett haben Schinken, Putenbrust, Kasseler, viel Fett haben Mortadella, Leberwurst, Salami, → S. 201.

- Ist Milch ein Getränk oder ein Lebensmittel? Warum?
  - **Antwort:** Milch ist wegen seines hohen Eiweißgehalts ein Lebensmittel, → S. 183.
- Weshalb ist Fisch so gut? Nenne einen Grund.
  - **Antwort:** Fisch enthält Jod, hochwertiges Eiweiß und wertvolles Fett.

## Öl / Margarine / Butter

- Welches Fett liefert die Kuh, welches wird aus Pflanzensaaten gemacht?
  - **Antwort:** Kuhmilch wird zu Butter, Margarine besteht aus Pflanzensaaten wie Sonnenblumen.

Für ältere Kinder:

- Was ist der Unterschied zwischen Margarine und Butter?
  - ○ **Antwort:** Butter ist ein tierisches Fett (Kuhmilch), Margarine ein pflanzliches (Pflanzensaaten wie Sonnenblumen).

## Extras

- Wie groß ist eine Süßigkeitenportion und wie oft am Tag darf es sie geben?
  - ○ **Antwort:** eine Kinderhand voll, einmal am Tag ➜ S. 231.
- Welche Lebensmittel gehören zur „Extras"-Gruppe: Gummibärchen, Fruchtsaftschorle, Milchschnitte, Smacks, Cornflakes, Cola, Pellkartoffeln, Fritten?
  - ○ **Antwort:** Gummibärchen, Milchschnitte, Smacks, Cola, Fritten

Für ältere Kinder:

- Welche Werbesprüche für Kinderlebensmittel kennt ihr? Sind sie richtig?

## Allgemeine Fragen

- Was macht ihr immer, bevor ihr anfangt zu kochen?
  - ○ **Antwort:** Hände waschen
- Wie schneidet ihr Gemüse, ohne euch in die Finger zu schneiden? Bitte zeigen!
  - ○ **Antwort:** Katzenkralle, ➜ S. 20

- Wie sieht euer Kocharbeitsplatz aus? Was braucht ihr alles?
  - ○ **Antwort:** Schneidebrett, Küchenmesser, Küchenpapier für die Abfälle, Schüssel für die geschnittenen Lebensmittel, Lebensmittel, ➜ S. 18 ff.
- Was macht euch zwischendurch fit, wenn ihr Hunger habt? Nennt mindestens drei Beispiele.
  - ○ **Antwort:** Obst, Gemüsespalten, Joghurt, Vollkornbrot mit Käse oder Wurst
- Aus welchem Land kommt welches Gericht: Lasagne, Paella, Chili con Carne, Nasi Goreng, Fish 'n Chips, Hamburger …?
  - ○ **Antwort:** Italien (Lasagne), Spanien (Paella), Mexiko (Chili con Carne), China (Nasi Goreng), England (Fish 'n Chips), Amerika (Hamburger)
- Was kommt auf einen komplett gedeckten Esstisch?
  - ○ **Antwort:** Teller, Besteck, Glas, Serviette
- Nenne einen Tischspruch zu Anfang eines Essens. (Hier hat jeder Kindergarten seine eigenen Reime, Sprüche oder Gebete)
- Bringe die Zubereitung eines Essens in die richtige Reihenfolge: essen, Rezept lesen, kochen, einkaufen, Material und Zutaten bereitlegen, Einkaufsliste schreiben, Tisch decken, abwaschen.
  - ○ **Antwort:** Rezept lesen, Einkaufsliste schreiben, einkaufen, Material und Zutaten bereitlegen, kochen, Tisch decken, essen, abwaschen.

# Anhang

## Weitere Informationen zum Thema Ernährung

### aid infodienst – Verbraucherschutz, Ernährung, Landwirtschaft e. V.

Friedrich-Ebert-Straße 3
53177 Bonn
Tel.: (02 28) 8 49 90
www.aid.de (Informationen, Medien, Material)
www.was-wir-essen.de (Informationen)
Viele Broschüren mit Hintergrundinformationen sowie Material zum Einsatz im Kindergarten, z. B. Ernährungspyramide, Poster, Kassetten, Geschichtensammlung

### Bundeszentrale für gesundheitliche Aufklärung (BzgA)

Ostmerheimer Straße 220
51109 Köln
Tel.: (02 21) 8 99 20
www.bzga.de
Meist kostenlose Broschüren zu Ernährung und Gesundheit

### Deutsche Gesellschaft für Ernährung e. V. (DGE)

Godesberger Allee 18
53175 Bonn
Tel.: (02 28) 3 77 66 00
www.dge.de (Informationen)

www.dge-Medienservice.de (Material, Medien)
Broschüren mit Hintergrundinformationen, Informationen zu wissenschaftlichen Studien

### Forschungsinstitut für Kinderernährung Dortmund (FKE)

Heinstück 11
44225 Dortmund
Tel.: (02 31) 7 92 21 00
www.fke-do.de

### FKE Broschürenvertrieb

Baumschulenweg 1
59348 Lüdinghausen
Tel.: (01 80) 79 81 83 (gebührenpflichtig)
info@fke-shop.de
Broschüren mit Hintergrundinformationen insbesondere zum Ernährungskonzept „optimiX" für Kinder und Jugendliche

### Verbraucherzentrale Bundesverband e.V. (vzbv)

Markgrafenstraße 66
10969 Berlin
Tel.: (0 30) 25 80 00
www.vzbv.de
Beratung und Informationsmaterial

# Empfehlenswerte **Literatur**

Hier finden Sie vertiefende Literatur und Bücher, die Sie mit den Kindern gemeinsam lesen können. Einige Methoden, die wir in diesem Buch zusammengefasst haben, werden Sie dort wiederfinden sowie Hintergrundwissen für diejenigen, die noch tiefer in dieses Thema einsteigen möchten.

## Essen und Trinken

aid: Essen und Trinken in Tageseinrichtungen für Kinder, aid, 2008[3]

Erkert, Andrea: Naschkatze & Suppenkasper: Mit Spiel und Spaß essen und trinken – vielfältige Aktionen rund um das Thema Ernährung in Kita, Hort und Grundschule, Ökotopia, 2007[2]

Ernährung, Essen, Emotionen – Das Unterrichtspaket für die Ernährungserziehung in der Grundschule, CMA – Referat Wissenschafts-PR, 2006

Grünewald-Funk, Dorle u. a.: Esspedition Kindergarten – Ernährungserziehung für die Praxis, aid, 2011[7]

Hasselbusch, Birgit: Sternchenköche: Kinder aus aller Welt – machen Appetit auf ihre Lieblingsrezepte, Mosaik bei Goldmann, 2008

Hell, Ilse / Arnim, Oliver: Das große Buch der 555 interessantesten Kinderfragen – Was Kinder wirklich wissen wollen, leicht verständlich erklärt, Weltbild, Sonderausgabe, 2008

Kersten, Detlef: Warum stinkt der Käse?, Velber, 2005

Meier-Ploeger, Angelika / Goetze, Astrid / Manon, Lange: Fühlen wie's schmeckt: Sinnesschulung für Kinder und Jugendliche (3–14 Jahre) – ein Handbuch für Lehrkräfte und alle Interessierten, Food media, 2006

Plitzko, Ursula / Tenberge-Weber, Ursula / Vahsen, Mechthilde: Bärenstarke Kinderkost – Einfach, schnell und lecker, Mara Berzins (Hrsg.), Stiftung Warentest, 2011[12]

von Atens, Wiebke / Bosche, Heidegret / Spitzer, Sylvia: Das Kindergartenkochbuch – Über 200 leckere Rezepte für die Kindergartenküche, FIPP, 2003

## Experimente

Krekeler, Hermann: Experimente für alle Sinne – Sehen, Hören, Riechen, Schmecken, Tasten, Körperwahrnehmung, Ravensburger, 2004

Lück, Gisela: Leichte Experimente für Eltern und Kinder, Herder, 2008

Lück, Gisela: Neue leichte Experimente für Eltern und Kinder, Herder, überarbeitete Neuausgabe 2008[4]

Merthan, Bärbel: Mit Wasser, Watte und Zuckerwürfel: Erste Experimente im Kindergarten, Herder, 2004

## Natur und Garten

Dhom, Christel: Unser Garten- und Naturbuch – Anregungen für Eltern, den Jahreslauf mit Kindern zu erleben, Verlag Freies Geistesleben, 2. Auflage, 2006

Geißelbrecht-Taferner, Leonore: Die Garten-Detektive – Mit vielfältigen Experimenten, Spielen, Bastelaktionen, Geschichten und Rezepten den blühenden Frühjahrsboten auf der Spur, Ökotopia, 2008[4]

Geißelbrecht-Taferner, Leonore: Die Gemüse-Detektive – Bohne & Co. auf der Spur – Mit vielfältigen Experimenten, Spielen, Bastelaktionen, Geschichten und Rezepten durch das Jahr, Ökotopia, 2007

Matthews, Clare / Nichols, Clive: Neue Gartenparadiese für Kinder: Von der Fensterbankwiese bis zum Südseestrand – Entdeckertouren durch den Garten – Neue Ideen für Kinder und Eltern, Kosmos, 2005

Ott-Heidmann, Eva-Maria / Kutik, Christiane: Das Jahreszeiten-Buch: Anregungen zum Spielen, Basteln und Erzählen – Gedichte, Lieder und Rezepte zum Jahreslauf, Verlag Freies Geistesleben, 2011

Wimmer, Norbert: Unsere Natur erforschen und erleben – Das Natur-Spaß-Buch für die ganze Familie, JAKO-O, 2001

Wolf, Rosa: Kinder im Garten – Mehr Garten leben: Klettern, Toben, Matschen, Naschen, Gärtnern, Basteln, Entdecken, BLV, 2006

## Zum Schmökern mit Kindern

Child, Lauren: Nein! Tomaten ess ich nicht!, Carlsen, 2002

Droop, Constanza: Wieso? Weshalb? Warum? – Auf dem Bauernhof, Ravensburger, 1998

Franke, Rosemarie: Bettina im Schlaraffenland, aid, überarbeitete Auflage, 2001[9]

Lebot, Sophie / Hèdelin, Pascale: Alles über Obst und Gemüse – Erlebe deine Welt: Mit Kürbis & Co. durch die Jahreszeiten, Esslinger, 2007

Rübel, Doris: Wieso? Weshalb? Warum? – Unser Essen, Ravensburger, 2002

Russelmann, Anna / Schulz, Stefan: Neues aus dem Bahnhof Bauch, Neugebauer, 2007

Szesny, Susanne / Volmert, Julia: Bert, Der Gemüsekobold oder Warum man gesunde Sachen essen soll, Albarello, 2003[6]

# Register

### Rezepte

# Bildquellenverzeichnis

# Das Team

**Dr. Friedrich Soretz** hat iss dich fit! konzipiert. Er leitet das Projekt und ist für die zentralen Fortbildungen zuständig. Mit seiner Firma hat er sich auf Organisationsentwicklung und Qualitätsmanagement in den Bereichen Kultur und Bildung spezialisiert.

**Saskia Chemaitis** hat an der Leibniz Universität Hannover Erziehungswissenschaften studiert. Sie ist u. a. für die Organisation und das Projektmanagement von iss dich fit! zuständig und hält die Homepage www.click-dich-fit.de aktuell.

**Nicole Eckelmann** ist Oecotrophologin und zertifizierte Ernährungstherapeutin. In einer eigenen Praxis hilft sie unter anderem Menschen mit Lebensmittelunverträglichkeiten. Im Projekt iss dich fit! schult sie PädagogInnen und gibt Kurse für Eltern und Kinder.

**Felix Ramlow** studierte Wirtschaftswissenschaften an der Leibniz Universität Hannover. Er hatte mehrere Jahre die Projektorganisation inne und in dieser Zeit die Homepage www.click-dich-fit.de mit aufgebaut sowie wesentliche Arbeiten an diesem Handbuch übernommen.

**Heike Ullrich** hat an der Medizinischen Hochschule Hannover eine Ausbildung zur Diätassistentin absolviert und dort anschließend in der Kinderklinik kleine PatientInnen betreut. Im Projekt iss dich fit! leitet sie Kindergruppen, gibt Elternkochkurse und schult ErzieherInnen.

# Die Rut- und Klaus-Bahlsen-Stiftung

**Klaus Bahlsen** (1908–1991) – jüngster Sohn des Gründers des hannoverschen Keksunternehmens – gründete schon 1972 zusammen mit seiner Ehefrau **Rut** die Rut- und Klaus-Bahlsen-Stiftung und führte dieser testamentarisch sein gesamtes Vermögen zu. Heute gehört die Stiftung mit einem Vermögen von über 80 Millionen Euro zu den großen privaten Stiftungen in Deutschland.

Schon während seiner unternehmerischen Tätigkeit hat sich Klaus Bahlsen im Gedankenaustausch mit Wissenschaftlern mit Fragen gesunder Ernährung beschäftigt. Vollwertkost, die biologisch-dynamische Anbauweise in der Landwirtschaft und die ressourcenschonende Zubereitung von Lebensmitteln waren wichtige Themen für ihn – und sind es noch heute für seine Stiftung.

Im Vordergrund steht dabei immer die praktische Relevanz der geförderten Projekte in der täglichen Anwendung. Die Stiftung unterstützt das WABE-Zentrum der Hochschule Osnabrück, dessen Aufgabe die anwendungsnahe Forschung über Nachhaltigkeit in der Landwirtschaft und gesunde Ernährung ist. Zu den geförderten Projekten gehören auch „DieBesserEsser", ein Programm für gesunde Ernährung an Ganztagsschulen in Niedersachsen, dessen Nachfolgeprojekt „Zentrum für nachhaltige Ernährung" in Aurich – auch ein Modell für gesunde Ernährung insbesondere für SchülerInnen –, ferner das Altenpflegeheim Klaus-Bahlsen-Haus in Hannover und schließlich iss dich fit!

Klaus Bahlsen war es ein Anliegen, mit Kindern, Jugendlichen, Erwachsenen und SeniorInnen an alle Altersgruppen zu denken – Kinder und Jugendliche waren ihm dabei stets besonders wichtig.

### Rut- und Klaus-Bahlsen-Stiftung

Berliner Allee 14
30175 Hannover
www.rut-und-klaus-bahlsen-stiftung.de

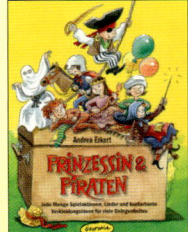